大伟解读世界名人系列丛书

大伟解读安徒生

——安徒生版教育学：改变教子理念的十句话

王大伟 著

中国人民公安大学出版社

·北 京·

图书在版编目（CIP）数据

大伟解读安徒生：安徒生版教育学：改变教子理念的十句话／王大伟著．—北京：中国人民公安大学出版社，2010.4
（大伟解读世界名人系列丛书）
ISBN 978-7-5653-0032-5
Ⅰ．①大… Ⅱ．①王… Ⅲ．①家庭教育—通俗读物 Ⅳ．①G78-49

中国版本图书馆 CIP 数据核字（2010）第 063815 号

大伟解读安徒生
——安徒生版教育学：改变教子理念的十句话
DAWEI JIEDU ANTUSHENG
—ANTUSHENGBAN JIAOYUXUE：GAIBIAN JIAOZI LINIAN DE SHIJUHUA
王大伟 著

出版发行：中国人民公安大学出版社
地　　址：北京市西城区木樨地南里
邮政编码：100038
经　　销：新华书店
印　　刷：北京市泰锐印刷厂

版　　次：2010 年 4 月第 1 版
印　　次：2010 年 4 月第 1 次
印　　张：7.75
开　　本：787 毫米×1092 毫米　1/16
字　　数：120 千字

书　　号：ISBN 978-7-5653-0032-5/G·0002
定　　价：22.00 元

网　　址：www.phcppsu.com.cn　www.porclub.com.cn
电子邮箱：cpep@public.bta.net.cn　zbs@cppsu.edu.cn

营销中心电话（批销）：(010) 83903254
警官读者俱乐部电话（邮购）：(010) 83903253
读者服务部电话（书店）：(010) 83903257
教材分社电话：(010) 83903259
公安图书分社电话：(010) 83905672
法律图书分社电话：(010) 83905637
公安文艺分社电话：(010) 83903973
杂志分社电话：(010) 83903239
电子音像分社电话：(010) 83905727

致读者

我们都曾听过安徒生一个又一个动人的故事，那么，从安徒生的一生中我们学到了什么呢？能不能从他伟大的人生轨迹中去获得一点教育学的启迪呢？有人说，一句话就可以改变一个人的一生，书里有10句话，是从安徒生的一生中总结出来的。

第一句话：贫穷的孩子也能够成为伟人，抑郁是一种高贵。

安徒生是生在棺材上的，以致他的一生都仿佛是一幅画卷，那就是可怕的乌云和寒冷的风。他的性格是抑郁、孤独和无助的，但即使是这样的人也会有伟大的成就。所以如果我是一个穷孩子，如果我们的孩子从小也有抑郁的性格，请不要放弃自己的希望，这样的孩子也许会有更伟大的前途。

第二句话：逆境出人才。

母亲总是想给孩子营造一个最温暖的环境，很多母亲会牺牲自己的幸福、牺牲自己的事业去满足儿女的要求，但这样造就的孩子真的能成才吗？为什么农村的孩子考上大学的比例要远远高于那些生活条件很优越的孩子，哪一个有出息的孩子没有经过逆境考验、风雨洗礼？

第三句话：心有多远梦有多远。

不要轻易抹杀孩子的大头梦。也许我们的孩子有一点点孤独，也许我们的孩子有一点奇怪的想法，也许他们的想法在我们看来是多么的荒谬和不切合实际，但请不要轻易否定孩子，不要逼着他们去当裁缝而断送了一个童话作家。

第四句话：不要把孩子永远留在摇篮里，子承父业不一定是最好的选择。

摇篮是温暖的，但是孩子不可能永远生活在摇篮中，要像《狐狸的故事》中的老狐狸那样果断地把小狐狸赶出温暖的家。

第五句话：男孩的耳朵是长在背上的。

男孩能吃千般苦，女儿能绣万朵花，吃苦对男人来说应该是最有效的成长秘诀。

如果我们总是赞扬孩子，总是给他们微笑，那么这一只船桨只会让船在原地打转，在给他奖励的同时，一定还要划另一只船桨叫挫折，那样船会向前进，那样船才能离开家乡的港湾。

第六句话：心中的神圣，是凄惨生活中的神灯。

山重水复疑无路，柳暗花明又一村。猛虎别在当道卧，困龙也有上天时。

第七句话：不要恐惧，宁静地、脚踏实地地去实现你的梦想。

爱心是成才最伟大的保证，现在我们最时髦的词是郁闷，最流行的心态是恐惧，其实只要按着你的梦想一步一步地去做，你一定会得到你所想要的一切。别着急，一切都会好的。

第八句话：讽刺的本质是一种羡慕。

被打倒100次要站起101次，这样的人我们就把他叫英雄，假如你被讽刺得越多，那说明你距离成功的目标就越近。

第九句话：人生若只如初见。

对爱情要永远充满敬畏，不管时代怎么前进，不管现在男孩和女孩的交往多么的容易，多么的随便，当我们的孩子步入婚恋的时刻，要告诉他们尊敬异性、尊敬爱情，因为这一切是世界上最美好的。

第十句话：高贵是不分种族、职业和地位的。

如果你无私地将一生都奉献给社会，那么你一定会得到最幸福的回报，请相信我，因为安徒生的一生已经证明了这个定律。

教育学博士

中国人民公安大学教授

王大伟

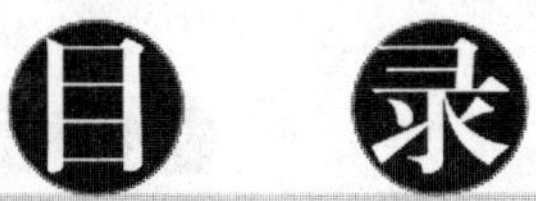

目录

※第一回　命运：是王子还是穷鞋匠的儿子

※第二回　孤独：安徒生童年的 5 个谜

第一句话：贫穷的孩子也能够成为伟人，抑郁是一种高贵。

第一回

命运：是王子还是穷鞋匠的儿子

安徒生是生在棺材上的，以致他的一生都仿佛是一幅画卷，那就是可怕的乌云和寒冷的风。他的性格是抑郁、孤独和无助的，但即使是这样的人也会有伟大的成就。所以如果我是一个穷孩子，如果我们的孩子从小也有抑郁的性格，请不要放弃自己的希望，这样的孩子也许会有更伟大的前途。

寻寻觅觅，冷冷清清，凄凄惨惨戚戚。乍暖还寒时候，最难将息。三杯两盏淡酒，怎敌他，晚来风急。雁过也，正伤心，却是旧时相识。

满地黄花堆积，憔悴损，如今有谁堪摘？守着窗儿，独自怎生得黑？梧桐更兼细雨，到黄昏，点点滴滴。这次第，怎一个愁字了得？

——李清照

朋友，如果你是一个农村孩子，北漂，个子不高，小人物，或者是身患重病，姥姥不疼舅舅不爱，老被欺负的人，那你一定是弱者，参加我们这个弱者俱乐部吧，这里面一定有安徒生，俱乐部的口号是“弱者没有失败的权利”。

一棵小草被压在石头下面，从石头中刚发芽，就被牛羊吃了，然后再发芽。这就是生命。

这本书一共是 10 回，讲述了安徒生传奇的人生故事，坦诚地讲述了安徒生从丑小鸭到圣洁的白天鹅的永不言弃的心路历程。它宣示了一个真理，那就是：弱者没有失败的权利。

【安徒生身世之谜】

安徒生是国王的儿子，还是穷鞋匠的儿子？

世道在变，生在棺材上的安徒生，竟有人说安徒生是国王的私生子。

1990 年，一位叫约根森的学者在《安徒生——一个真正的童话》中称，安徒生是丹麦国王克里斯蒂安八世和劳尔维格伯爵夫人的私生子。这位学者认为，安徒生的出身那么卑微，却很快进入皇家剧院，还在皇家的阿马林宫殿住过一阵子，如果不受到王室的秘密资助，是不可能享受这种待遇的。

丹麦作家赫古也同意这个观点，他还提出，一位海军上将的女儿吴尔芙曾在 1848 年的信中提到，安徒生也发现自己是位“王子”。

1831 年在安徒生创作的诗歌《男孩和远在天堂的母亲》中，这种愿望显而易见地体现在男孩向母亲提出的问题当中：

“噢，请您告诉我，告诉我您从没说过的话，亲爱的母亲，我何时才会见到我的父亲？他是否已经长眠地下？我的父亲难道不是国王吗？——我经常这样想！”

安徒生真的是国王的私生子，还是他个人的幻觉？

【诞生在棺材上的穷孩子】

1805 年，安徒生诞生，这一年是大清嘉庆十年。

2 月 25 日——嘉庆帝封纪昀礼部尚书，协办大学士，加封太子少保，管国子监事。

4 月 6 日——《英雄交响曲》在维也纳剧院首演。

5 月 26 日——拿破仑在米兰加冕为意大利国王。

而这一年的 4 月 2 号，正是春天来临的时候，在丹麦的一个小城市叫奥登塞的地方，家家户户都穿上新衣迎接春天到来的时候，一个贫民窟最矮小的平房里，传来了让人不安的哭声。他哭得太凄惨了。老人走着走着，停下脚步说，这是哪个孩子这么悲惨地哭。人们都把目光投向了低矮的小平房。这时候，一个年轻的鞋匠从屋子里走出来，满脸带着笑容，仰头对上天说，我有了自己的儿子。

英文中有一句俗语叫“衔着银勺子出生”（born with a silver spoon in his mouth），说的是孩子出生富有，可是安徒生来到这个世界的时候，他嘴里没有银勺子。

亲爱的朋友们，他们家甚至连一张床都没有。这床是一个伯爵停放的棺材架子，上面挂满了黑色的绒布，爸爸把它捡回来。爸爸在上面钉了几块木头，就作为了自己新婚的婚床。10 个月之后，这个棺材架子又成了迎接儿子诞生的圣坛。

在这个棺材上出生的孩子身上环绕着那个死去伯爵的幽灵，这么悲惨，预示着这个孩子一定有最悲惨、最孤独、最抑郁的一生。

【父亲是城里最穷的鞋匠】

年轻的父亲叫汉斯，是奥登塞最贫穷的鞋匠，当他的妻子给他生孩子的那天，甚至连晚饭都没有。

汉斯一生只活了33 年，有人说安徒生不是亲生，因为安徒生有1.86 米的个子，脚穿近50 号的鞋，可是他的爸爸汉斯却有着一头金发和一张圆圆的小脸，身高不到1.7 米，所以两个人从长相来说有天壤之别，如果是在今天，安徒生一定会要求去做个 DNA 亲子鉴定。

这就是安徒生出生的很多谜题，但我们起码知道，在他诞生的 4 月 2 日那天，这个家里晚上连面包都没有。

【妈妈是洗衣服的酒鬼】

妈妈就更奇怪，她比爸爸大了整整 14 岁，爸爸是个鞋匠，注意，她不是在洗衣厂洗衣服，而是在河边给地主洗衣服，洗上一箩筐的衣服也就挣 1 元钱，河水非常冷，可为了挣钱她也得天天洗。如果她那天不生孩子的话，她一定站在河边。她甚至连面包都没有，地主给她的一两块钱，所能买的就是最低级的白酒，当她实在冷得支持不住的时候，会在冰冷的水里喝上一口白酒，每当这个时候，路上的高贵绅士就会看一眼说，她一定是个废物。

【犯罪学：奥登塞很像一个犯罪的温床】

那么，安徒生的故乡又是什么样子？那是一个很贫穷的地方，而他又是生活在这个很贫穷地方的贫民窟里的孩子。

如果能看到当时的照片的话，你就可以看到街上到处都堆满垃圾，污水从每家的厕所和垃圾堆里流出，这里到处可见犯罪和卖淫的女人，在这里绝对看不到安徒生童话里面那条美丽的河、飞翔的天鹅、灌木草丛，也听不到安徒生童话里傍晚教堂清脆的钟声。

【芝加哥学派】

朋友们，我是一名警察。我们研究警察的人有一个学派叫芝加哥学派。这是一个美国的学派，掌门人叫乌尔福冈。他有什么发现呢？他说，在一个城市的边缘，也就是最贫穷的地方，一定是滋生犯罪的土壤。他还有一个恰当的比喻，如果一个地方结核病多，那么这个地方一定有更多的犯罪。这是为什么呢？因为结核病多，说明这个地方生活差、社会混乱。所以我们从安徒生的故乡来说，那些个没有床的孩子，那些个一家五六口人，挤在一个狭小的空间中的孩子，这里面怎么能飞出一只白天鹅呢？

但安徒生有一句名言说得好，如果你是一只白天鹅，即使你诞生在最肮脏的鸡窝里，终有一天也会展翅飞翔。

【白云与小刀】

安徒生生活在贫民窟中，伴随着他的只有一幅画，就是海风从海里把奇形

怪状的丑恶的白云，吹到他的头顶，然后是一望无际的麦田。

冷风吹过来，他全身发冷。这个时候他会觉得自己很孤独、很无助、很悲哀。安徒生小时候只有一件好东西，就是爸爸修鞋的小刀。他白天会把小刀握在手里，晚上睡觉的时候则把小刀藏在枕头底下。他觉得，只有小刀才能给他危险的、恐怖的人生带来一丝保护。

【安徒生的性格】

安徒生是什么性格呢？

他是内向型的性格。卑劣的环境和低微的出身造就了他很孤独。他的气质很抑郁。在我们这个年代，好像年轻人都流行说郁闷啊郁闷，可是那个时候，抑郁是最让人看不起的行为。注意，安徒生的爸爸和爷爷都是抑郁症倾向。所以有人怀疑，安徒生一定继承着祖辈、父辈抑郁的性格。

安徒生是一个非常抑郁和孤独的孩子，以至于和他说话的人，只有他手里那个一条腿的、坚定的锡兵。但安徒生充满了爱心，多愁善感的内心永远充满着善良，卖火柴的小女孩、海的女儿，那些善良的人都是他内心的表白。

安徒生性格还有一个特别之处，就是能够察觉别人，比如说在这一篇童话里几十条褥子下面，他也能感觉到褥子底下那块非常小的豌豆。

这样一个丑陋的孩子，不爱说话的孩子，他坚信明天会更好，他会无时无刻蹲在自己破烂的家中，望着麦田上翻滚的恐怖的白云去做着他的白日梦。他一定在梦想有一天他会从这个地方飞出去，离开那些肮脏的鸡毛和鸡粪，永远地飞上蓝天，变成一只圣洁高傲的白天鹅。

【心理学：气质与性格】

从心理学上讲，人的个性分为两个方面，一个叫气质，一个叫性格。

性格和气质加在一起就是我们所说的个性。

气质是什么，就是爸爸妈妈遗传给我们的东西，比如说一窝小狗刚生下来，有的小狗就不爱叫，而有的小狗就非常活泼。科学家们坚信，抑郁是可以遗传的，安徒生的气质就是抑郁。

从心理学上讲，人有四种气质：多血质、黏液质、胆汁质、抑郁质。

这四种气质中，多血质是张飞型的，胆汁质是武松型的，黏液质是武大郎型的，还有抑郁质是林妹妹型的。

气质类型是指每一类人共同具有的各种气质特征的有规律的结合。四种基本气质类型在情绪和行为方式方面以及智力活动方面有不同的典型表现。

1. 胆汁质。

胆汁质的人反应速度快，具有较高的反应性与主动性。这类人情感和行为动作产生得迅速而且强烈，有极明显的外部表现：性情开朗、热情、坦率，但脾气暴躁，好争论；情感易于冲动但不持久；精力旺盛，经常以极大的热情从事工作，但有时缺乏耐心；思维具有一定的灵活性，但对问题的理解具有粗枝大叶、不求甚解的倾向；意志坚强、果断勇敢，注意力稳定而集中但难于转移；行动利落而又敏捷，说话速度快且声音洪亮。

2. 多血质。

多血质的人行动具有很高的反应性。这类人情感和行为动作发生得很快，变化得也快，但较为温和；易于产生情感，但体验不深，善于结交朋友，容易适应新的环境；语言具有表达力和感染力，姿态活泼，表情生动，有明显的外倾性特点；机智灵敏，思维灵活，但常表现出对问题不求甚解；注意力与兴趣易于转移，不稳定；在意志力方面缺乏忍耐性，毅力不强。

3. 黏液质。

黏液质的人反应性低。情感和行为动作进行得迟缓、稳定、缺乏灵活性；这类人情绪不易发生，也不易外露，很少产生激情，遇到不愉快的事也不动声色；注意稳定、持久，但难于转移；思维灵活性较差，但比较细致，喜欢沉思；在意志力方面具有耐性，对自己的行为有较大的自制力；态度持重，好沉默寡言，办事谨慎细致，从不鲁莽，但对新的工作较难适应，行为和情绪都表现出内倾性，可塑性差。

4. 抑郁质。

抑郁质的人有较高的感受性。这类人情感和行为动作进行得都相当缓慢，柔弱；情感容易产生，而且体验相当深刻，隐晦而不外露，易多愁善感；往往富于想象，聪明且观察力敏锐，善于观察他人观察不到的细微事物，敏感性高，思维深刻；在意志方面常表现出胆小怕事、优柔寡断，受到挫折后常心神不宁，但对力所能及的工作表现出坚忍的精神；不善交往，较为孤僻，具有明显的内倾性。

以上介绍的是四种气质类型典型的表现。这四种人如果遇到相同的事情，其表现如何呢？前苏联心理学家巧妙设计了“看戏迟到”的特定问题情境，对四种气质类型典型的人进行观察研究，结果发现，四种气质类型的观众，在面临同一情境时有截然不同的行为表现，气质使其心理活动染上了一种独特的色彩。

而性格呢，是后天我们在社会里学的，有的人生活在一个幸福的家庭，他就是一个高兴和活泼的孩子；有的人生活在贫民窟里，饱受着痛苦的煎熬，那他一定是一个不爱说话内向的孩子。令人遗憾的是，安徒生不仅性格是抑郁，气质也是抑郁，像这样的孩子还会有一个欢乐的童年吗?

【孩子的眼是菩萨】

有这么一个故事，在海滩上，每逢退潮，地上都留下一个坑、一个洼。成千上万的小鱼来不及退下去，就都留在那坑里洼里了。这些小鱼就在那儿跳。

大人赤着脚走过，看着小鱼跳都习以为常，跳就跳吧，谁也不拿它当回事。一个小姑娘，七八岁，赤着脚，脑袋上扎两个羊角小辫，很可爱。她捉起一条小鱼，跑到海边，扔到海里，然后跑回来又捉起一条，再扔到海里。海滩上的大人很多，谁也不干这个事，就这么一个小女孩，捉着小鱼扔到海里。大人就问，小姑娘你干什么呢?小女孩说，我捡小鱼往海里扔。大人说，这个海滩每天都要死成千上万的小鱼，谁在乎这个事呢?孩子说了一句："小鱼在乎啊!"接着捉小鱼扔到海里，这是不是性善呢?

小女孩的善良做法似乎验证了"人之初，性本善"。

可是，人生下来本质都充满着善良，用我们的话说，人之初，性本善，所以即使是一个生活在贫民窟里的孩子，他的眼睛里所看到的一定也是美好的东西。

【教育学原理：逆境出人才】

安徒生不是国王的儿子。为什么呢?

证据之一：在1805年4月2日的夜晚——也就是安徒生来到人间的那一天，那位有人说是安徒生母亲的年轻女伯爵和她的父亲一起出席了在奥登塞附近举办的一个舞会。她怎么会去生孩子呢?

证据之二：记录与见证人。安徒生有详细的出生记录。

尽管如此，仍有三大疑问：

为什么他会顺利扎在哥本哈根?

为什么他会轻易获得国家奖学金?

为什么他会与历任国王保持最好的关系？

【我与安徒生】

我是77届的大学生，就是粉碎“四人帮”以后第一批上大学的学生。在我上大学二年级的时候，我突发奇想，花了500块钱去调查当时中国社会的名人，其中有诗人臧克家和国画大师李苦禅。注意，那是刚刚粉碎“四人帮”的时候，我花了500块钱，而那个时候我们上大学的生活费只有10块钱，也就是说，我用了我4年的生活费去作了这个调查，调查的结果令我非常震撼，在这500个当时中国最顶尖、最辉煌的名人中，他们的童年几乎都是悲惨的。

【安徒生档案】

1. 姓名：汉斯·克里斯蒂安·安徒生（Hans Christian Andersen）。

2. 出生年月：1805年4月2日。

3. 死亡时间：1875年8月4日上午11时，因肝癌逝世于朋友的乡间别墅，享年70岁。丧礼备极哀荣。

4. 性格：内倾型。由恶劣的环境与低微的出身所造成。

气质：抑郁质。祖父、父亲都死于疯病。

孤独、抑郁如《坚定的锡兵》中的可怕梦境。

充满同情心，多愁善感。塑造了最善良的人物，如《卖火柴的小女孩》、《海的女儿》中的可怜与善良的女孩。

易察觉别人不能察觉的细节，如描写的《豌豆上的公主》中的公主。

坚信真理，明天会更好。爱做白日梦，如《丑小鸭》中的白天鹅。

对爱情憧憬。

5. 身高：1.86米。

6. 职业：丹麦作家，诗人，因为他的童话故事而闻名世界。他最著名的童话故事有《坚定的锡兵》、《冰雪女王》、《拇指姑娘》、《卖火柴的小女孩》、《丑小鸭》和《红鞋》等。安徒生生前曾得到皇家的致敬，并被高度赞扬为“给全欧洲的孩子带来了欢乐”。共写了168篇童话和故事。他的作品已经被译为150多种语言，成千上万册童话书在全球陆续出版发行。他的童话故事还激发了大量电影、舞台剧、芭蕾舞剧以及电影动画的制作。

7. 名言：如果你是一只天鹅蛋的种子，那么即使出生在养鸭场也无所谓。

安徒生在他的自传中说："人生就是一个童话，充满了流浪的艰辛和执著追求的曲折。我的一生居无定所，我的心灵漂泊无依，童话是我流浪一生的阿拉丁神灯。"

《丑小鸭》：当我还是一只丑小鸭的时候，我做梦也没有想到会有这么多的幸福！

【抑郁是一种高贵】

抑郁是一种高贵，你说张国荣的眼神不是一种高贵吗？

一次在中央电视台 10 套《百科探秘》做节目，我对面的嘉宾是上海的心理学家应力。她说："大伟，你有抑郁倾向。"我问："从哪里可以看出？"她说："眼神。别人进化妆间，都与别人打招呼，你呢，谁也不看，目中无人。"

抑郁是我的终生的朋友，从 3 岁开始伴我。我不敢赴宴，却喜欢一个人坐在饭馆的一角，最背阴的一角，吃一个驴肉火烧，加一碗玉米楂粥。如果这时碰巧放一首《雨中的旋律》，就会泪湿眼眶，无比地释怀。

抑郁给了我无穷的力量，1988 年在英国使馆考"雅思"（那时国人很少知道雅思），头一天紧张、抑郁。到了凌晨 1 点，还是无法入睡。我爬起来，找了一张纸，在纸上写下我的 10 个优势：

1. 人在北京，距考场很近。
2. 早上有家做的早餐，外地学生无。

……

写完后无比自信，倒头便睡，考出了 7 分的优异成绩！

抑郁使我冷静，不忘自己是农民的孙子。

抑郁使我坚定，因为我是军人的儿子。60 多年前，正是那些面色抑郁的山东汉子，敢于与日本鬼子拼刺刀。我的故乡村头有一座碑："光荣百世"，以纪念村里死在抗日战场的 45 条汉子。

抑郁教我奋发，越挫越奋，永不言弃。"冻死迎风站，饿死不作声"，这是外祖母的家训。

抑郁给我文人之伤感，每一首诗中都隐藏着阴影般的紫色。

抑郁启迪我善良，因为我永远是性格的弱者。

抑郁让我永远记着自己的民族：最伟大的中华民族，那个孕育了屈原、杜甫、李清照、李后主的淡淡忧伤的高贵民族！

既然我无法选择高兴与开朗，那我就爱我的抑郁吧，因为，那是母亲给我的。

【郁闷就做10件事】

这几句是我太压抑时，写给自己的偏方。

我与抑郁搏斗了几十年，它带来的痛苦太多了。我会常常感到阵阵恐惧迎面袭来，我会偶尔想到自杀，我也会常常想到人生的乏味和对来世的厌恶。我的世界永远下雪，我的色彩总是灰蓝；我的图画只有一幅：高天寒风与奇怪恐怖的云……

坐飞机远上九重天，偶尔一阵气流吹过，会担心飞机掉下来。如果出事，有保险绳也没有地方挂钩。人生如坐飞机，上去了，就吃就喝，就乐就睡。老担心掉下来，就是抑郁，就是有病。

我不知道是抑郁会战胜我，还是我会战胜它?

1. 要一杯可乐，想办法使自己兴奋起来。要一杯可乐，或咖啡，它可以使你兴奋。买喜欢的东西，听中意的歌，总之，想点办法，但不要依赖兴奋性药物，药物伤人。用心而不是用药。实在不行，想想地震中的遇难者，而你还活着，你会更加珍惜生命。

2. 不要看医书，癌症的概率小于车祸。不恐惧癌症。如果有疑似病情，去看一次医生，然后放下。不要看医书，切勿对号入座。不要老查病，做一次CT吃的X光线能引起许多癌症。不要做手术，大部分手术伤元气还伤人。别老摸身体的可疑之处。病一定会很快好的！误诊与医疗事故的死亡率占全部死亡的前几位。除了绝症，有无数种病可以引起疼痛、结节……记住：你有恐病症，因此，主观体验多是被无限夸大的，如痛感、畸形均是误导！

3. 列一张幸福表格，写上我真的很幸福。列一张你拥有过的幸福表格。知道你是很幸运的。因此，把随口而出的叹息——“嗳”变成“真好!”把随口而出的——“我要死了”变成“一定成功!”

4. 列一张十大优点表格，写上我真的很优秀。列一张你拥有的十大长处与优点表格，就知道你是很优秀的。

5. 任性一次，不必都去做好人，不必讨好每一个人。可以偶尔得罪人，可以偶尔不礼貌，可以偶尔不搭理人。

6. 赌我准赢。每一个决断都采用积极向上的一个。每一件事都向好处想，都要克服对阴暗面的恐怖。知道这样一个真理："由于我抑郁，所以，现实好得可能比正常人大三倍!"

7. 玩一会儿。每天忘情地高兴一会儿。在这一会儿忘掉责任、苦恼与病害。例如，会餐或运动，或修理自己的心爱之物。不看表，不计时间。

8. 晒太阳。在日光下认真泡茶，读一本画册。晒太阳，可以抗拒抑郁。

9. 做一次阿Q。不追求做完美的人，平均寿命长5岁。可以不要完美，不要责任，让自己做个有缺点的人。允许别人超过自己一会儿。有一个总对自己有益的计分方法。

10. 做一棵美丽的小草。人参不必羡慕森林中的大树！承认自己有抑郁倾向：抑郁是一种高尚！承认自己某些能力不强，承认自己在某些方面是个平凡的人，可平凡的人也要生活得美好。邻居有一辆宝马，可是你有一个上大学的儿子。做不了大树，就做一棵美丽的小草。

【教子课堂：一句话改变人生】

1. 如果我来到这个世界上嘴里没含银勺子，也许我才是最幸运的。无论是病人、残疾人或是出生在偏僻山区的孩子，都可能拥有玫瑰的前程。名人大多有苦难的童年。

2. 内向的性格与抑郁的气质都可能成为伟人。

3. 善良是人的本能，爱心是最可贵的。

4. 弱者没有失败的权利!

【我是北师大教育学系的博士，我一直怀疑现行的教育理念】

1. 高贵的出身才能有高贵的前程。

2. 一定要给孩子创造一个好的、优越的童年环境。

3. 性格决定命运，开朗欢乐的性格才有益于成才。

性格内向的人、气质抑郁的人、经常流泪的人、不爱说话的人，他们都不一定是废物，而相反的，他们中间的很多人都会成为伟大的人。善良是人的本能，爱心是最可贵的，人在饱受痛苦的煎熬之中能够保持一份善良的心是最宝贵的。抑郁是一种高贵，抑郁的人往往是最顽强的人，弱者没有失败的权利，只要他们不断顽强地去拼搏，他们就会是世界上最坚强的人。

【结论】

安徒生的故事告诉我们：贫穷的孩子也能成为伟人，抑郁也是一种高贵。

那么，在悲惨命运面前，安徒生决不会屈服。他的童年到底会怎样呢？他会战胜他的抑郁走向辉煌吗？左右他命运的是奋斗的性格，还是国王的暗中庇护？请看下回分解。

【延伸阅读】

皇帝的新装

许多年以前，有一位皇帝，他非常喜欢穿好看的新衣服。他为了要穿得漂亮，把所有的钱都花到衣服上去了。他一点也不关心他的军队，也不喜欢去看戏。除非是为了炫耀一下新衣服，他也不喜欢乘着马车逛公园。他每天每个钟头都要换一套新衣服。人们提到皇帝时总是说："皇上在更衣室里。"

在他住的那个大城市里，生活很轻松，很愉快。每天有许多外国人到来。有一天，来了两个骗子。他们说他们是织工，他们能织出谁也想象不到的最美丽的布。这种布的色彩和图案不仅非常好看，而且用它缝出来的衣服还有一种奇异的作用，那就是凡是不称职的人或者愚蠢的人，都看不见这衣服。

“那正是我最喜欢的衣服！”皇帝心里想。“我穿了这样的衣服，就可以看出我的王国里哪些人不称职；我就可以辨别出哪些人是聪明人，哪些人是傻子。是的，我要叫他们马上织出这样的布来！”他付了许多现款给这两个骗子，叫他们马上开始工作。

他们摆出两架织机来，装作在工作的样子，可是他们的织机上什么东西也没有。他们接二连三地请求皇帝发一些最好的生丝和金子给他们。他们把这些东西都装进自己的腰包，却假装在那两架空空的织机上忙碌地工作，一直忙到深夜。

“我很想知道他们织布究竟织得怎样了。”皇帝想。不过，他立刻就想起了愚蠢的人或不称职的人是看不见这布的。他心里的确感到有些不大自在。他相信他自己是用不着害怕的。虽然如此，他还是觉得先派一个人去看看比较妥当。全城的人都听说过这种布料有一种奇异的力量，所以大家都很想趁这机会来测验一下，看看他们的邻人究竟有多笨，有多傻。

“我要派诚实的老大臣到织工那儿去看看，”皇帝想，“只有他能看出这布料是个什么样子，因为他这个人很有头脑，而且谁也不像他那样称职。”

因此这位善良的老大臣就到那两个骗子的工作地点去。他们正在空空的织机上忙忙碌碌地工作着。

“这是怎么一回事儿？”老大臣想，把眼睛睁得有碗口那么大。

“我什么东西也没有看见！”但是他不敢把这句话说出来。

那两个骗子请求他走近一点，同时问他，布的花纹是不是很美丽，色彩是不是很漂亮。他们指着那两架空空的织机。

这位可怜的老大臣的眼睛越睁越大，可是他还是看不见什么东西，因为的确没有什么东西可看。

“我的老天爷！”他想，“难道我是一个愚蠢的人吗？我从来没有怀疑过我自己。我决不能让人知道这件事。难道我不称职吗？——不成，我决不能让人知道我看不见布料。”

“哎，您一点意见也没有吗？”一个正在织布的织工说。

“啊，美极了！真是美妙极了！”老大臣说。他戴着眼镜仔细地边看边说：“多么美的花纹！多么美的色彩！是的，我将要呈报皇上说我对于这布感到非常满意。”

“嗯，我们听到您的话真高兴。”两个织工一起说。他们把这些稀有的色彩和花纹描述了一番，还加上些名词儿。这位老大臣注意地听着，以便回到皇帝那里去时，可以照样背得出来。事实上他也就这样办了。

这两个骗子又要了很多的钱、更多的丝和金子，他们说这是为了织布的需要。他们把这些东西全装进腰包里，连一根线也没有放到织机上去。不过他们还是继续在空空的机架上忙碌着。

过了不久，皇帝派了另一位诚实的大臣去看看，布是不是很快就可以织好。他的运气并不比头一位大臣的好：他看了又看，但是那两架空空的织机上什么也没有，他什么东西也看不出来。

“您看这段布美不美?”两个骗子问。他们指着一些美丽的花纹，并且作了一些解释。事实上什么花纹也没有。

“我并不愚蠢!”这位官员想，“这大概是因为我不配担当现在这样好的官职吧?这也真够滑稽，但是我决不能让人看出来!”因此他就把他完全没有看见的布称赞了一番，同时对他们说，他非常喜欢这些美丽的颜色和巧妙的花纹。“是的，那真是太美了。”他回去对皇帝说。

城里所有的人都在谈论这美丽的布料。

当这布还在织的时候，皇帝就很想亲自去看一次。他选了一群特别圈定的随员——其中包括已经去看过的那两位诚实的大臣。这样，他就到那两个狡猾的骗子住的地方去。这两个家伙正以全副精神织布，但是一根线的影子也看不见。“您看这不漂亮吗?”那两位诚实的大臣说，“陛下请看，多么美丽的花纹!多么美丽的色彩!”他们指着那架空空的织机，因为他们以为别人一定会看得见布料的。

“这是怎么一回事儿呢?”皇帝心里想，“我什么也没有看见!这真是荒唐!难道我是一个愚蠢的人吗?难道我不配做皇帝吗?这真是我从来没有碰见过的一件最可怕的事情。”

“啊，它真是美极了!”皇帝说，“我表示十二分的满意!”

于是，他点头表示满意。他装作很仔细地看着织机的样子，因为他不愿意说出他什么也没有看见。跟他来的全体随员也仔细地看了又看，可是他们也没有看出更多的东西。不过，他们也照着皇帝的话说：“啊，真是美极了!”他们建议皇帝用这种新奇的、美丽的布料做成衣服，穿上这衣服亲自去参加快要举行的游行大典。“真美丽!真精致!真是好极了!”每人都随声附和着。每人都有说不出的快乐。皇帝赐给骗子每人一个爵士的头衔和一枚可以挂在纽扣洞上的勋章，并且还封他们为“御聘织师”。

第二天早晨，游行大典就要举行了。在头天晚上，这两个骗子整夜不睡，点起16支蜡烛。你可以看到他们是在赶夜工，要完成皇帝的新衣。他们装作把布料从织机上取下来。他们用两把大剪刀在空中裁了一阵子，同时又用没有穿线的针缝了一通。最后，他们齐声说：“请看!新衣服缝好了!”

皇帝带着他的一群最高贵的骑士们亲自到来了。这两个骗子每人举起一只手，好像他们拿着一件什么东西似的。他们说：“请看吧，这是裤子，这是袍子!这是外衣!”“这衣服轻柔得像蜘蛛网一样：穿着它的人会觉得好像身上没有什么东西似的——这也正是这衣服的妙处。”

“一点也不错。”所有的骑士们都说。可是他们什么也没有看见，因为实际上什么东西也没有。

“现在请皇上脱下衣服，”两个骗子说，“我们要在这个大镜子面前为陛下换上新衣。

皇帝把身上的衣服统统都脱光了。这两个骗子装作把他们刚才缝好的新衣服一件一件地交给他。他们在他的腰围那儿弄了一阵子，好像是系上一件什么东西似的：这就是后裾。皇帝在镜子面前转了转身子，扭了扭腰肢。

“上帝，这衣服多么合身啊！式样裁得多么好看啊！”大家都说，“多么美的花纹！多么美的色彩！这真是一套贵重的衣服！”

“大家已经在外面把华盖准备好了，只等陛下一出去，就可撑起来去游行了！”典礼官说。

“对，我已经穿好了，”皇帝说，“这衣服合我的身吗？”于是他又在镜子面前把身子转动了一下，因为他要叫大家看出他在认真地欣赏他美丽的服装。那些将要托着后裾的内臣们，都把手在地上东摸西摸，好像他们真的在拾其后裾似的。他们开步走，手中托着空气——他们不敢让人瞧出他们实在什么东西也没有看见。

这么着，皇帝就在那个富丽的华盖下游行起来了。站在街上和窗子里的人都说：“乖乖，皇上的新装真是漂亮！他上衣下面的后裾是多么美丽！衣服多么合身！”谁也不愿意让人知道自己看不见什么东西，因为这样就会暴露自己不称职，或是太愚蠢。皇帝所有的衣服从来没有得到这样普遍的称赞。

“可是他什么衣服也没有穿呀！”一个小孩子最后叫出声来。

“上帝哟，你听这个天真的声音！”爸爸说。于是大家把这孩子讲的话私自低声地传播开来。

“他并没有穿什么衣服！有一个小孩子说他并没有穿什么衣服呀！”

“他实在是没有穿什么衣服呀！”最后，所有的老百姓都说。

皇帝有点儿发抖，因为他似乎觉得老百姓所讲的话是对的。不过他自己心里却这样想：“我必须把这游行大典举行完毕。”因此他摆出一副更骄傲的神气，他的内臣们跟在他后面走，手中托着一个并不存在的后裾。

第二句话： 逆境出人才。

第二回

孤独：安徒生童年的5个谜

母亲总是想给孩子营造一个最温暖的环境，很多母亲会牺牲自己的幸福、牺牲自己的事业去满足儿女的要求，但这样造就的孩子真的能成才吗？为什么农村的孩子考上大学的比例要远远高于那些生活条件很优越的孩子，哪一个有出息的孩子没有经过逆境考验、风雨洗礼？

【孤独与白日梦是病吗】

问题：宝宝快4岁了，他爱把自己想象成他喜欢的东西。看到小鸟会说自己是小鸟，看到蝴蝶会说自己是蝴蝶，还要学他们的动作。他不去幼儿园，不喜欢和外面的小朋友玩，听说太迷恋一种东西就是孤独症。那我的孩子是不是也有孤独症？还是幻想症或其他的什么？我该怎么做呢？

回答：5岁前的孩子不能分清现实和想象，这是正常的发展过程。多带孩子观察真实的现象，多接触自然界，让孩子和小伙伴一起游戏、活动，鼓励探索性的活动和游戏，这些现实的活动有利于孩子分清现实和幻想。

【不解之谜之一：无原因的大哭】

一个长得丑陋的孩子，再加上爱哭，一定是不讨人喜欢的。

安徒生生下来的时候就在不停地尖叫和不停地哭泣，以至于父母被吵得没有办法。妈妈说他的尖叫简直像猫在叫，这是妈妈永远不能原谅他的原因。

医生说，在胎儿期，因为肺是不参与通气的，所以肺的体积被压缩了。出生后，受外界的刺激，对外界的任何事物都很敏感，况且，一般都是打一下婴儿的屁股，婴儿受到刺激，本来肺就需要一个膨大的过程，需要呼吸，而哭的时候，呼吸是比较急促的，所以他会哭。

佛教说，感知世道混沌，叹己重担身负，若知色相空法，哭如何，笑如何！莫不皆空。若得般若菩提，当度众生苦厄以求欢喜。

妈妈说，应该是痛。孩子一出世就要把脐带剪断，肯定会痛的，所以才会痛苦出声。

【不解之谜之二：每当听到一个奇怪字，安徒生就会停止哭泣】

1. 念诗不行。爸爸发现，每当听到一个奇怪字，安徒生就会莫名其妙地停止哭泣。父亲看着妻子怀中的儿子，奇怪这个孩子为什么总是哭，有的时候他会拿起一本书对安徒生说，嘿，儿子，我给你念首诗你还哭吗？于是他就给安徒生朗诵着丹麦著名士绅霍尔伯格的诗，可是念诗不仅不能够终止安徒生的哭声，反而使他哭得更厉害。爸爸突然说，照你这个哭法将来一定会是一个歌唱家，说也奇怪，就这么一句话安徒生就不哭了，爸爸很奇怪，真是这样吗？为什么我一说到歌唱家三个字哭声就会停止？

2. 牧师预言。安徒生一家都虔诚地信奉基督教，所以每个周末全家人都要到教堂去，那个时候，教堂是整个奥登赛市唯一神圣的地方。当大家都在祷告的时候，在教堂角落里玩耍的安徒生会突然莫名其妙地大哭起来，搅得礼拜不能进行。这个时候妈妈就会跑过来打安徒生几下，可是越打，安徒生就哭得越厉害。

这个时候牧师就会走过来笑着对孩子说，嗯，好了，小孩的哭声越大就说明他的嗓门越大，说明他大了会做一个歌唱家，说也奇怪，只要一说到歌唱家，安徒生就会停止那无原因的哭泣。

3. 指挥家的赞扬。安徒生 3 岁的时候说话还不怎么清楚，可是他已经能唱很多故乡的歌。那是一个黄昏，太阳落山的时候，小安徒生和妈妈一起走在奥登塞街上，就在这个时候，春风刮了过来，安徒生高声地唱了起来，他那美妙的歌声吸引了很多人，恰好一个指挥家听到了这童声的歌唱，他停下脚步摸摸孩子的头，对他说，好好唱吧，你一定是一个歌唱家的材料。从此，安徒生就固执地认为自己一定会成为一个歌唱家，而且是一个全世界最好的歌唱家。那么，他真能成为歌唱家吗?

【全部的爱都来自外祖母】

1. 来自火星的精灵。安徒生的全部的智慧都来自他的外祖母。说也奇怪，安徒生和自己的外祖母像一个口出来的两块蛋糕，他们的长相完全一样，又细又高，瘦骨嶙峋，两个人都长着一只又长又尖的鼻子，而且还有一个特点就是前额没有头发，光秃秃地闪着亮光。每次外祖母一瘸一拐地走到安徒生身边，用她那蓝色的眼睛注视着这个外孙，仿佛这个外孙是来自火星的精灵："来吧孩子，让姥姥摸摸你的鼻子。"

2. 世界上最可爱的气味。这个时候是安徒生最幸福的时候。为什么? 因为外祖母摸完他的鼻子就一定会给他小礼物。外祖母会从自己肮脏的口袋中掏出一块发黏的糖，或者是一个一条腿的坚定的锡兵，这时候安徒生会闻到一股世界上最可爱的气味，那是外祖母身上的气味，多年不洗澡的外祖母身上有一种淡淡的臭味。因为从来不刷牙，以至于外祖母想要见人的时候都会找到一张纸，趁人不注意擦擦自己肮脏的牙。可即便是这样，安徒生也会觉得这气味会给自己力量。这种力量一直伴随着他的童年。外祖母是个乞丐，她唯一的收入是养了只老母鸡，也就是说，安徒生所有的零花钱是靠老母鸡，可是外祖母从来不说自己讨饭的事，而且她还坚持着每一次见到自己的外孙一定要给他带一点小小的礼物。

安徒生70岁的时候，死在自己的故乡。安徒生固执地认为，他一生全部的智慧都来自外祖母，以至于在他死的那一瞬间，他轻轻地说："亲爱的外祖母，把我带上。"

【不解之谜之三：安徒生最怕什么】

母亲除了洗衣服以外，还要想尽别的办法去补贴家用。而每当麦收的时候，他们还可以到麦田里去捡收割剩下的麦穗。安徒生来到麦田的时候，整个麦地里已经布满了拾麦穗的人，整个麦田里会有很多特别大的老鼠也混在其中，这也是它们收获的时候。奇怪的是，安徒生什么都不怕，但是他最怕老鼠，因为在他的眼睛里，老鼠就是世间的恐怖大王。

【妈妈教你爱】

有的时候妈妈也会参加到拾麦穗的行列，所以说，拾麦穗不仅仅有孩子，也有妇女和老人。一天，当妈妈领着小安徒生在地里拾麦穗的时候，他们居然发现了一个半盲的老妇人。这是他们在奥登塞街上经常可以看到的那个乞讨的老人。大家都知道她的眼睛几乎看不见了，但是她是怎么找到麦穗的呢？安徒生紧紧地跟在老人的后边，想看看她是怎么找到麦穗的。安徒生发现她的听力非常好，手也非常敏感，她可以爬在地上慢慢地摸索别人发现不了的麦穗。安徒生跟妈妈说，我们把今天捡的麦穗都送给这个老奶奶吧。妈妈很高兴，点点头。

这个时候，老太太突然发疯地喊着："你们这是干什么？抢占我的地盘，我只是一个瞎子老太太，为什么你们还要跟我争？"

安徒生和妈妈跑过去，摸着老太太的肩膀说："老奶奶，不要误会，我们不仅不跟你争这些麦穗，还诚心诚意地把我们捡到的麦穗送给你。"老奶奶听罢，肮脏的脸上留下几滴滚烫的热泪。

其实安徒生的善良都是和妈妈学的，安徒生的妈妈可以说是奥登塞最贫穷的人，长得很丑，穿很肮脏的衣服，可是她无时无刻不在帮助着老百姓。她总是说，看在上帝的分上，让我们去帮助这些可怜的人吧。

【我与安徒生：母亲的榜样】

母亲的力量是无比伟大的。我小时候生活在军人家庭，生活水平比一般的

老百姓要稍微好一点。有一次，妈妈带着我在一个很小的饭馆里吃饭，看到了一个我至今都不能忘的一幕画面。一个盲人带着自己两岁的儿子和10岁的女儿跌跌撞撞走进了饭馆，他们并没有乞讨米饭，而是掏出4两粮票，买了4两米饭。那个时候，盲人听说扎针灸可以把眼睛扎好，叫“新医门诊”，所以从农村满怀着希望带着自己的儿子和女儿来到这里。好些人问她为什么要带着孩子来北京？盲人哭着说孩子的爸爸是个疯子，如果把孩子留给爸爸，爸爸一定会把他们打死。盲人母亲端着这4两米饭，给自己的儿子只拨了很小的一口，剩余的给站在儿子旁边的10岁的姐姐，那么盲人母亲吃什么呢？他把孩子抱在自己的怀里，两手摸在桌子上，如果桌子上掉一粒米妈妈就吃一粒米，如果不掉就不吃。我真的从这个画面中醒悟到了什么是爱，什么是母亲，什么是母爱，而在这个时候我的母亲站了起来，她花了1毛钱给这个可怜的家买了一碗鸡蛋汤。母亲在做这个举动时，没说任何话，但是她告诉我，什么叫善良。

除了母亲的教导外，说到榜样，我还会想到我的外祖母。尽管我在国外留学，但是真的，我的全部的知识都是来自我的外祖母，她就是一个普普通通的老太太，不识字，小脚。当我感到孤独和悲痛的时候，我唯一可以呼唤的名字就是我的外祖母，所以我会深切地体会到安徒生和他的外祖母的那份感情。

【不解之谜之四：父亲死于发疯吗】

从麦田里走回来，安徒生的妈妈的眼睛就不停地跳。她是一个非常迷信的人，于是说，上帝啊，千万不要发生什么不好的事情。安徒生非常恐慌地望着妈妈，难道真的有什么悲剧要降临在这个家里吗？那么是什么样的悲剧在等待着他呢？突然，他们看到了远处的大街上站着一个人，肮脏的头发，光着脚睁着一双大眼，他高喊：“跟我来啊，勇敢的市民！向前冲啊……”

那是谁呢？那就是安徒生就要死去的父亲。安徒生的爷爷是个疯子，没想到父亲也疯了。父亲本来是一个很好的鞋匠，但是他非要去试试命运而参加了对拿破仑的战争，可是没多久就因为犯了疯病被送回了家。从此，爸爸总是躺在床上含着泪说：“我的一生就像我给那个博乐夫人做的鞋一样，一旦破碎就没有办法再修复了。”终于，父亲走了。安徒生会在半夜醒来，看见妈妈在被子里流泪。安徒生这时候就会握住她的手说：“不要伤心，我的妈妈，即使在天国，爸爸仍然是一个最出色的鞋匠。”

安徒生悲惨的童年就要在这里画上一个句号，因为父亲去世，就意味着他要承担起这个家庭的重担。

【不解之谜之五：童话是安徒生的白日梦吗】

从安徒生这段悲惨的童年，人们可以从童话《坚定的锡兵》里看到他的缩影。外祖母给他的那个锡兵——也就是那个一条腿的锡兵——是他童话世界的主角。

【外祖母的玩具】

从前有25个锡兵，他们都是兄弟，因为他们是由同一把旧的锡汤匙铸出来的。

【宫殿里的小公主】

站着锡兵的桌子上还摆满了别的玩具，但最引人注目的是一座纸做的美丽小宫殿。一位漂亮的小姐，站在宫殿的门口；她也是纸做的，穿一身淡雅的布裙，肩上围着一条蓝色的细缎带，就像披着一条披巾。

“她正好给我做妻子，”他想，“但是她太高贵了，住在宫殿里。”

小妖精说：“不要指望不属于你的东西。”

钟敲12点，鼻烟盒的盖子砰地打开；但是跳上来的不是鼻烟，而是一个黑色的小妖精；因为这鼻烟盒是个叫人吓一跳的玩具。

“锡兵，”小妖精说，“不要指望不属于你的东西。”

【无望的远航】

紧接着就下起雨来，雨点越来越密，最后下起了倾盆大雨。

用一张报纸折成一条船，把锡兵放进去，让他顺着水沟航行。

【很大的水老鼠】

忽然出现了一只很大的水老鼠，它住在这儿的阴沟里。

“你有通行证吗？”老鼠问道，“马上把它给我。”

但是锡兵保持沉默，把枪握得更紧。船继续漂走，老鼠跟在后面。

他离它已经太近，没有办法停住，船就这样冲了下去，可怜的锡兵只能尽量挺直身体，眼皮也一动不动，表示他一点也不害怕。他想起了那位再也看不到的娇美舞女，耳边响起了一首歌，歌中这样唱："再见了，武士！你从来勇敢无比，一直漂到你的坟墓里。"

【被一条大鱼吞下了肚子】

这时候纸船已经破烂了，锡兵沉到水里去，很快就被一条大鱼吞下了肚子。过了一会儿，锡兵身上好像掠过一道闪电，接着阳光照下来了，一个声音叫起来："哎呀，这里面有一个锡兵。"原来那条鱼被捉住了，送到市场上卖给了一个女厨子，她把它拿进厨房，用一把大菜刀把它剖开，发现里面有一个锡兵。

【被抛进火炉】

忽然，一个小男孩把锡兵拿起来扔进了火炉。他毫无理由这样做，因此这一定是鼻烟盒里那个黑妖精捣的鬼。锡兵站在那里，火焰燎到他，热得厉害，但是他说不出这是由于真实的火还是由于爱情的火。他看着那位小姐，那位小姐看着他。他感到自己在熔化，但是他肩上仍然扛着枪，保持着坚定。

【只留下了那朵用锡纸做的玫瑰花】

忽然房门打开，风把那小舞女吹起来。她像个空气仙子一样飘飘然，正好飞到火炉里锡兵的身边，马上着火，烧没了。锡兵也熔化成一块锡。几天过去了，当女仆倒炉灰的时候，她发现化成的一颗小小的锡的心。至于那位小舞女，那就什么也没有剩下，只留下了那朵用锡纸做的玫瑰花，烧黑了，像一块炭。

安徒生的初恋实际上小学就开始，那个班上最美丽的女该就是坚定锡兵的梦中情人。当然对于一个又丑、又贫穷、又古怪的孩子来说，总会有很多人警告他，不要指望不属于你的东西，而这些人在他的童话中都被变成了那个可恶的小精灵。其实，安徒生的童年就是一个无望的远航，充满了危机、恐怖和噩梦，而那里面最大的主角，就是下水道里那只无比恐怖的巨大的黑色的水怪。

在现实生活中，安徒生对班上最美的那个小女孩的那份感情是无法实现的，但是安徒生却固执地认为，他和小女孩的那份爱情会溶化在一起，变成一份坚定的东西。

【心理学：梦的解析】

狗是平日人们所说的良心。

1. 某女士，被狗追赶。她四处躲藏但仍藏不住，拼命逃跑但是跑不掉，用棒打狗却打不死。综合她的另一个梦，我分析出她有婚外恋的念头，但是她的道德观、她的良心不允许。（我先不说她的道德观是对是错）于是内心中的狗就去追赶她，使她恐惧万分。

2. 弗洛姆曾谈到过这样一个梦例，一位男士路过一个果园，从树上摘了一个苹果。一条大狗跑来向他吠叫。他害怕极了，叫着救命醒了过来。想偷吃禁果，却害怕良心和舆论的谴责，这梦就是这个意思。

其实《坚定的锡兵》就是安徒生的白日梦，是他关于童年的一段潜意识的描述，根据弗洛伊德的观点，梦都是愿望的满足，尝试用潜意识来解释各部分的冲突。

3. 日有所思，夜有所梦。中国古代人说，日有所思，夜有所梦，比如说我年轻的时候，就老是做一个梦，梦见我会飞，飞得非常沉重，但是起码能飞上树梢，飞上房顶。这就是年轻时候奔波向上所感到的无比压力的一种潜意识的折射。

1998 年，我从芬兰留学回来，来到中国北方的一个城市的派出所当民警，晚上和 15 个保安住一个大通铺。那年我已经 42 岁了，所以我找到派出所所长，说能不能给我换个单间呢？派出所所长说可以，就找了一间。当我把房门打开的时候，我吃惊地发现，这原是一个厕所，粪坑都填上了，但是墙上有一溜一溜的尿迹。我买了报纸，把这些尿迹都糊上，而且把没有玻璃的窗户安上了玻璃，最终在厕所里安了家。说也奇怪，在这之前，连续 3 年我一直在做一个奇怪的梦，就是每天晚上躺下的时候，脚上总是踩着屎，当我在这个厕所里把床支好的时候，我突然明白了这个道理这叫梦想成真。说也奇怪，第二天早上这个踩屎的梦就再也不做了。

【人生哲学：两只老鼠】

我常常说，人生有两只老鼠，第一只老鼠永远是高兴的，永远是幸福的，永远是无拘无束的。第一只老鼠爬上高高的旗杆，他会看到远处的高山，它会看到天上的白云，它会看到底下无数只小老鼠在向它望着。第一只老鼠，在旗杆上翩翩起舞，由于它太高兴，就会从旗杆上掉下来摔死在土地上。而第二只老鼠，有着痛苦的童年，当它爬上旗杆的时候，它也看到了蓝天和白云，但是它会非常小心地告诉自己，我一定要谨慎。它不会在生命的顶点翩翩起舞，相反，它会感到一阵眩晕，然后从旗杆上爬下来，回到本属于它的土地。

我们说，安徒生一生都充满了谦虚，充满了谨慎，他一直认为自己是一只丑小鸭，所以我们说安徒生应该是第二只老鼠。

【教子课堂：一句话改变人生】

让孤独的孩子张开幻想的翅膀，逆境也能出人才。

1. 孤独的孩子，也许会察觉更细致的人生。不要歧视孤独的孩子。

2. 爱心是孩子成长的指路灯。让孩子养小动物与花草。

3. 从小发掘与支持孩子的白日梦。支持孩子做自言自语的游戏。成人也不妨做做白日梦。

4. 外祖母与母亲是最伟大的教师。母亲永远在孩子面前不许懦弱。

【延伸阅读】

坚定的锡兵

很久很久以前，锡匠将一把华丽的大汤勺熔化，铸造成一队小锡兵，算一算，不多不少，总共25个，个个身穿挺拔的红蓝军服，扛着毛瑟枪，眼睛向前看着，很是雄壮威武。他们呆在一个匣子里。匣子盖一揭开,他们就听到一个小孩在喊:"锡兵!"他在拍着双手。今天是小孩的生日,这些锡兵就是他得到的生日礼物。他现在把这些锡兵摆在桌子上。

看上去,每个兵一模一样,只有一个稍有不同:他只有一条腿,因为他是最后被铸出来的,锡不够用。但是他仍然能用一条腿坚定地站着,他的勇敢与神气,可一点不输他的兄弟,因此成为这个故事的主角。

他们立着的桌子上还摆着许多玩具,其中最引人注目的是一个纸做的美丽的宫殿。从那些小窗子望去,人们一直可以看到里面的大厅。大厅前面有几株小树,周围围着一面小镜子,这小镜子现在代表一个湖。几只蜡做的小天鹅在湖上游来游去,它们的影子倒映在水里。在这美景之中,最美丽的要算一位芭蕾舞伶:她站在宫殿门口。她虽然也是纸剪出来的,但她穿了一件漂亮的洋布裙子,肩上飘着一条小小的蓝色缎带,看起来仿佛像一条头巾。缎带的中央插着一件亮晶晶的装饰品。小姐伸展着双手像一个舞蹈艺术家。她有一条腿举得非常高,弄得那个锡兵简直望不见它。因此,他就以为她也像自己一样,只有一条腿。

"她倒可以做我的妻子呢!"他心里想,"不过她的派头太大了。她住在一个宫殿里,而我却只有一个匣子,而且我们还是25人挤在一起。这恐怕她住不惯。不过我倒不妨跟她认识认识。"

于是他就在桌上一个鼻烟壶后面躺下来。从这个角度,他更能看到这位美丽的芭蕾舞伶。他看见她用一条腿立着,站得稳稳的。

黑夜到来的时候,其余的锡兵都走进匣子里去了,家里的人也都上床去睡了。玩偶们这时就活动起来。它们互相"访问",闹起"战争"来,或是开起"舞会"来。锡兵们也在他们的匣子里面吵起来,因为他们也想出来参加,可是揭不开盖子。胡桃钳翻起跟斗来,石笔在石板上乱跳乱叫起来,而且出口就是诗。这时只有两个人没有离开原地:一个是锡兵,一个是那位小小的舞蹈家。她直直地用她的脚尖立着,双臂伸展,他也是稳定地用一条腿站着的,他的眼睛一忽儿也没有离开她。

忽然钟敲了12下,"砰!"那个鼻烟壶的盖子掀开了。可是那里面并没有鼻烟,却有一个小小的黑妖精——这鼻烟壶原来是个伪装。

"锡丘八!"妖精说,"请把你的眼睛放老实一点!"

锡兵装作没有听见。"好吧,明天你瞧吧!"妖精说。

第二天早晨,小孩子们都起来了。他们把锡兵移到窗台上去。不知是妖精在捣鬼呢,还是一阵风在作怪,窗子忽然开了。锡兵从三楼倒栽葱地跌到地上来。这一跤真是可怕万分!他的腿直翘起来,他倒立在他的钢盔中。他的刺刀插在街上的石缝里。

保姆和那个小孩立刻走下楼来寻找他。虽然他们几乎踩着了他的身体,可是还没

有发现他。要是锡兵喊一声“我在这儿！”的话，他们也许就看得见他了。不过他觉得自己既然穿着军服，高声大叫是不合礼节的。

天开始下雨了。雨点越下越密，最后简直是大雨倾盆了。雨停了以后，有两个野孩子在这儿走过。“你瞧！”有一个孩子讲，“这儿躺着一个锡兵，咱们让他去航行一番吧！”

他们用一张报纸折了一条船，把锡兵放在里面。锡兵就这么沿着水沟顺流而下。这两个孩子在岸上跟着跑，拍着手。天啊！沟里掀起了一股浪涛，这是一股多么大的激流啊！纸船一上一下地簸动着，有时它旋转得很急，弄得锡兵的头都昏起来。可是他立得很牢，面色一点也不变，他肩上扛着毛瑟枪，眼睛向前看。

忽然，这船流进一条很长很宽的下水道里去了。四周一片漆黑，像又回到匣子里去了似的。

“我倒要看看，我究竟会流到一个什么地方去！”他想，“对了，这是那个妖精搞的鬼。啊！假如那位小姐坐在这船里，就是再加倍的黑暗我也不在乎。”

这时，一只住在下水道里的大耗子来了。“通行证！”耗子用它尖锐刺耳的声音冲着锡兵大叫，“把你的通行证拿出来！”

可是锡兵一句话也不回答，只是把自己手里的毛瑟枪握得更紧。

船继续往前急驶，耗子在后面追着。乖乖！你看他那副张牙舞爪的样子，他对干草和木头碎片喊着：“抓住他！抓住他！他没留下过路钱！他没有交出通行证！”

激流越来越大。在下水道尽头的地方，锡兵已经可看得到前面的阳光了。不过他又听过一阵喧闹的声音，这声音可以把胆子大的人都吓倒。在下水道尽头的地方，锡兵像被一股巨大的瀑布冲下去一样，冲进一条宽大的运河里去了。

现在他已经流进了运河，没有办法止住了。船一直向前冲去。锡兵尽可能地把身体直直地挺起来。眼皮也没动过一下。船旋转了三四次，里面的水一直漫到了船边，它要下沉了。直立着的锡兵全身浸在水里，只有头伸在水外。船在深深地下沉，纸也慢慢地松开了。水已经淹到锡兵的头上了……他不禁想起了那个美丽的、娇小的舞蹈家，他永远也不会再见到她了。

纸已经破了，锡兵沉到了水底。不过正在这时候，一条大鱼忽然把他吞到肚里去了。

啊，里面是多么黑暗！比在下水道里还糟，而且空间又是那么狭小！不过锡兵是坚定的，就是当他直直地躺下来的时候，他还是在紧紧地扛着他的毛瑟枪。

这鱼东奔西撞，做出许多最可怕的动作。后来它忽然变得安静起来。接着，一道像闪电似的光射进它身体里来。阳光照得很亮，同时有人在大声地喊：“锡兵！”原来，这条鱼已经被捉住，送到市场，被卖掉了。带进厨房里来，女仆用一把大刀子把它剖开了。她用两个手指把锡兵拦腰掐住，拿到客厅里来。大家都要看看这位在鱼腹里作了一次惊险旅行的、了不起的人物。不过锡兵一点也没有显出骄傲的神气。

他们把他放在桌子上。嗨！世界上不可思议的事情也真多！锡兵发现自己又来到了他从前的那个房间里！他看到从前的那些小孩，他看到桌上那些熟悉的玩具，他看到那座美丽的宫殿和那位可爱的、娇小的舞蹈家。她仍然用一条腿站着，她的另一条腿仍然是高高地翘在空中。她也是同样的坚定啦！这种精神使锡兵受到感动：他简直要流出泪来，但是军人不能这样做。他望着她，她也望着他，他们都没有说一句话。

正在这时候，有一个小孩子把锡兵拿起来，把他一股劲儿扔进火炉里去了。他没有说明任何理由：这当然又是鼻烟壶里的那个小妖精在捣鬼。

锡兵站那儿，全身亮起来了，同时他感到一股可怕的热气。不过这热气是从实在的火里发出来的呢，还是从他的爱情中发出来的呢，他完全不知道。他的一切光彩现在都没有了。这是因为他在旅途中失去了什么呢，还是悲愁的结果，谁也说不出来。他望着那位娇小的姑娘，而她也望着他。他觉得他的身体在慢慢地熔化，但是他仍然扛着枪，坚定地立着不动。这时门忽然开了，一阵风闯进来，吹起这位小姐。她就像茜尔妃德（欧洲神话中的空气仙女，她是一位体态轻盈，身材纤细，虚无缥缈的人儿）一样，飞向火炉，飞到锡兵的身边去，化为火焰，立刻就不见了。这时，锡兵已经化成为一个锡块。

几天过去了，当女仆在清理壁炉时，眼角瞥见一个亮晶晶的东西在灰烬中闪耀。她弯下腰，拾起了一颗锡制的心，上面居然缠绕着芭蕾舞伶的丝带……女仆将这美丽的心拾起，做成自己的链坠。虽然小锡兵和芭蕾舞伶已经在火焰中为爱情而熔化，但是这颗热诚的心永远是他们勇敢追求与坚定爱情的明证……

第三句话：心有多远梦有多远。

第三回

理想：不要轻易抹杀孩子的大头梦

不要轻易抹杀孩子的大头梦。也许我们的孩子有一点点孤独，也许我们的孩子有一点奇怪的想法，也许他们的想法在我们看来是多么的荒谬和不切合实际，但不要轻易否定孩子，不要逼着他们去当裁缝而断送了一个童话作家。

大鹏一日同风起，扶摇直上九万里。
假令风歇时下来，犹能簸却沧溟水。
时人见我恒殊调，见余大言皆冷笑。
宣父犹能畏后生，丈夫未可轻年少。

——李白

【安徒生真的疯了吗——第一张真正的戏票】

有人猜想：安徒生的爷爷死于疯病，安徒生的爸爸也是，那么安徒生是不是头脑中也有点不对呢？

安徒生真的想去看一出真正的戏，一定要在剧院里演，而且要有一张真正的门票，于是这个伟大的愿望就成了安徒生全家人的动力，不知道是一个月还是两个月，妈妈终于把洗衣服挣来的工钱偷偷攒了起来，给他买了一张本地剧院的票。

4 月 2 日这天，这张票是安徒生 10 岁生日的礼物。安徒生第一次走进剧院，他在剧院里来回地走，并不是想找到自己的座位，而是在找心中的那种高贵。

大幕拉开，随着故事情节的发展，安徒生时而放声大笑，时而悲痛地哭泣，他丝毫不掩饰自己心里的快乐，前后左右的观众都以为他是真正的疯子。那一年，只要安徒生手里有一张纸和一支笔，他一定要画剧中的角色。一边干着活，他会有时候突然地哭，有的时候高兴地笑。村子里的人都知道，安徒生看了一场戏后，就疯了。

【母亲的希望】

一群鸡都在地上，没有人说什么，可有一只鸡想飞上天，这群鸡就一定认为他疯了。

父亲死了以后，妈妈又给安徒生找了一个继父，继父是一个喜爱安静的人，所以安徒生也有了很多安静的时候。这个时候，安徒生只有两件事情可以做：

一个是静静地读书，另一个就是找一些破布块给他的玩具木偶做新的衣服，妈妈会大吃一惊地说，哎哟，你长大了一定是世界上最伟大的裁缝。安徒生说，我可不当裁缝，我一定要当歌手。

妈妈说，傻孩子，当歌手是世界上最苦的活，歌手要每天练嗓子，早上还要做操，而且40岁以后歌手老了就成了废物，连自己都养活不了。你看咱们镇上就有一个斯泰曼先生，人家家里有最漂亮的马车，还有镇上最大的房子，他就是个裁缝，他要一起身就会有无数的学徒给他抱着痰盂，打着伞，多威风啊。

有这么一句话：母鸡的理想不过是一把米。

世界上有两种人，一种人，他们会向往白日梦，他们想飞上蓝天，这种人往往活得快活；还有一种人，他们安于现状，30亩地一头牛老婆孩子热炕头，这样就很好，他们的生活会很安逸，所以安徒生的母亲真的希望他能够当一个裁缝。

这时候，我想起我的母亲，她一直跟我说：你一个月工资能挣到54块钱，我死也闭眼了。她说得没错，那个时候我的工资只有16块5毛钱。

【第一个角色】

福无双至，祸不单行。有的时候这句话是没有道理的。

仅仅过了一个月，哥本哈根皇家剧院的演员又要来这个城市里演出，可是这个时候妈妈却低声地跟安徒生说，我们真的没有钱再去买门票。可是安徒生有自己的办法，他一定要想法混进去。

他在门口走了很久，突然端起一杯水，勇敢地走进了戏院。如果别人问他，他就会说，我给演员送水。看门的老头说，这个孩子一定是个戏迷。就这样，安徒生每天都承担了送水的任务，送完水他就静静地坐在舞台的后面欣赏着自己这一生中最绚丽的辉煌。

可是，命运总是会创造奇迹。一个跑龙套的小演员病了，这对安徒生来说简直就是天大的喜讯。他终于第一次登上了舞台，去跑了一回龙套。下来的时候整整一天他都沉浸在幸福之中。所有的邻居都知道安徒生，都对他母亲说，你儿子疯了，你儿子疯了。他妈妈说，是的，我也知道。在母亲的眼里，孩子疯了是经常发生的事情，其实我看，孩子要是不疯，那才是母亲的悲哀呢。

【谋生的本领】

安徒生的母亲提起了一桶凉水，把安徒生的歌手的梦再一次浇灭了，然后安排他明天去和继父一块儿在码头卸货，继父工作的码头无论是白天还是黑夜，只要他们听到轮船汽笛的鸣叫，所有工人都像疯了似的扛大包，越是刮风、越是下雨，工人们就越高兴，因为这样的话，他们就多挣一两个小钱。其实现实生活告诉安徒生一个道理，你根本就不是当歌手的料，你这一生最好的就是在这风雨里扛着一袋袋沉重的包，消失在海风的夜色里。

我小时候父亲也是对我这么说，当我趴在桌子上抄书的时候，父亲总是严厉地说，你要学点谋生的本领，我真不知道什么是谋生的本领，是去编草帽？还是做木匠？

【我与安徒生：1977 年高考】

“那个时候”，我说的是 30 多年前的时候，有本事的孩子都当兵去了，我是个病人，从小就没上过体育课，怎么能有机会去当兵呢？那个时候也是我人生最迷茫的时候，可是天无绝人之路，一个消息传来，高考要恢复了。

一个不可能的传言在大院徘徊：要恢复高考了！

爸爸妈妈担心：即便是高考，也是单位推荐。所以连夜给高中的班主任送去两斤巧克力。30 年过去了，班主任也不知道这两斤巧克力中的奥妙。

当这个传言被证实时，距高考还有 41 天。对我来讲，这是不可能的。上天真的被弱者感动了吗？这一天，普天之下，有多少人在流泪。

这一天，闵维方，后来成为北大校领导，正在北京木成涧煤矿的地下挖煤，他从巷道里看到了生命的光明；这一天，劳凯声，后来成为中国教育科学领军人物之一，正在东北的农场中割黄豆，抬起头来，憧憬青春的彩虹。

这一天，有多少看不见希望的人抬起了头；这一天，有多少被视为弱者的青年在流泪；那些工人、农民、知青、兵团战士……终于抬起头来，在蓝天中寻找着什么。

【两次尿并成一次撒】

这一天，我正在 329 厂抬木头。

回眸 1977 年恢复高考，弹指一挥间，已经 30 多年了。回首往事，这 30 多年感慨颇多。30 多年前，北京师范大学给了我什么？事实上那时上课的内容大部分都忘了，我能记住的只有几句话。现在流行《论语》热，大家都在谈《论语》。那时师大上中国教育史课，至今还能记起两句话：一句是“三军可夺其帅，匹夫不可夺其志”，另一句是“岁寒然后知松柏后凋矣”。我今天回顾 30 多年前的高考，所讴歌的就是那种青春的火焰和拼搏的精神。这种精神恰恰是推动我们这 30 多年来改革的原动力。

我高中毕业后，在公安部第一研究所做工人。那是一个生产刑侦器材的工厂。每天扛木头，非常辛苦。忽然有一天，北京人之间传说着一个不成文的秘密，说是要恢复高考。那简直是久旱逢甘露，黑暗中见到了明灯。感谢上苍，命运是如此眷顾这一代被耽误的人。从得知这一消息到高考只有41天的时间，我借了中学的21本书，也就是两天看完一本书。白天扛木头非常辛苦，晚上六七点钟到家，母亲给我做晚饭，我会在床上睡一觉，醒来就开始彻夜背书。所谓一寸光阴一寸金，此时才真正体验。时间紧张到什么程度呢？就是说两次小便要合到一起，这样就可以节省一次小便的时间。21本书就是这样背下来的。现在的孩子高考是很辛苦的，家长可能都对他们深表一种同情和不安。但是跟我们那时比比，这些孩子有书念是多么幸福啊！他们根本不知道，在没有书读的漫长黑夜，什么叫幸福。

【心理学：需要层次论】

需要层次论是研究人的需求结构的一种理论，是美国心理学家马斯洛（Abraham Maslow，1908－1970）首创。1943年，他在《人类动机理论》（A Theory of Human Motivation Psychological Review）一书中提出了需要层次论。这种理论的构成根据3个基本假设：

1. 人要生存，他的需要能够影响他的行为。只有未满足的需要能够影响行为，满足了的需要不能充当激励工具。

2. 人的需要按重要性和层次性排成一定的次序，从基本的（如食物和住房）到复杂的（如自我实现）。

3. 当人的某一级的需要得到最低限度满足后，才会追求高一级的需要，如此逐级上升，成为推动继续努力的内在动力。

马斯洛认为，人的基本需要由低到高可分为5个层次：

生理需要、安全需要、归属与爱的需要、尊重的需要以及自我实现的需要。

生理需要：是人类维系生存和发展而产生的需要，也是人最原始的基本的物质性需要，包括衣、食、住、行等方面。马斯洛认为，生理需要是在所有需要中最优先的；生理需要及其部分得以满足后，社会性需要就会得以出现，这时生理需要就不再是人类能动的决定性因素，只会以一种潜在形式存在。

安全需要：包括人身安全、财产安全和职业稳定等方面的需要。这种需要要求人身免受伤害、避免财产损失、免受失业威胁等。一般生理需要得以基本满足后，安全需要就会自然而然地表现出来。

归属与爱的需要：这是人类社会交往的需要。马斯洛认为，当生理需要、安全需要得到基本满足时，人们便希望得到友谊和爱情、集体的接纳与帮助。此时，个人将前所未有地强烈感受到朋友、爱人或孩子不在身边所产生的寂寞，从而产生与人广泛交往的欲望——希望在群体中找到一个位置的欲望。

尊重的需要：这是指人受人尊重和自尊的需要。人一方面希望得到各种地位和声望，希望得到别人的尊重和承认；另一方面，也希望自己具有实力，感到自己有价值，从而产生自尊心和自信心。尊重需求一般很难得到完全的满足，但一旦成为人内心的渴望，就会成为持久的推动力。

自我实现的需要：这是指人希望使自己潜在能力得以充分发挥，成为久已向往的人物，从事自己所希望的事业，并在事业的成功中得到内心满足的一种欲望和要求。当然，自我实现的需要的产生有赖于生理、安全、归属与爱、尊重的需要得以基本满足。

马斯洛认为，每个人都潜藏着这 5 种基本需要，但在某一时期内，总是存在着一种或数种最迫切、最强烈的需要，这才是激励人行动的主要原因和动力。同时，也只有低级的需要得以适当满足，较高层次需要才会出现并成为充分激励工作动机的力量。

马斯洛的需要层次论告诉我们，需求无止境，欲望无限。一种需求的实现必将意味着另一种需求的出现，我们不需要把需求描述为使人烦恼、愤怒、不快，而必须排除的东西，而是要把需求冲动当作是令人愉快满意、受人欢迎的，并且假使它们是一种令人愉快而又向往的紧张。

人们是要吃饭还是要理想，其实这是一个很古老的命题。在心理学上根据马斯洛的需要层次论提到的，人首先要有温饱然后要安全，再往下可能才是尊严，还有个人理想的实现。我们每一个人特别是当父母的，总希望孩子踩着这 5 个台阶一步一步地上。可是我要说的是，有的时候第一个台阶上不去不影响跨越上第二个或第三个台阶，也就是说我们没有面包吃的时候，不影响我们没有理想，没有面包也可以做白日梦。中国古代有一句名言，“朝为田舍郎，幕登天子堂”，你可能会见到这么一幅画，一个穷孩子背着行李进京赶考，这实际上是中国古代人们最崇高的理想境界。

秦朝阳城有一个青年人叫陈涉，他是一个给人种地的，每当累得不行的时候就会对他的小伙伴说，如果将来有谁发了财，一定要记住请他吃一碗红烧肉。小伙伴就说，你是一个种地的，连玉米饼子都吃不到，怎么会吃红烧肉？陈涉就会长叹地说一句，小麻雀怎么能知道天鹅的凌云之志呢？

【傻子挖人参】

我小时候，姥姥给我讲过一个故事。那时候我们山东人，都上东北去，叫闯关东。到东北去干啥呢？挖人参。怎么挖呢？10 个人一组，你拉着我的手，我拉着你的手，大家低着头往前走，怕找漏了。这 10 个人里有 1 个是村子里的傻子，他就问这些人："人参长在哪啊？"这 9 个人就骗他说："人参长在树上。"傻子问："人参什么样？"别人告诉他，几片叶，几个瓣，开一朵红花。这 9 个人拉着手低着头走。就这个傻子天天仰着头看树，可是这些人参呢，多年挖来挖去，地上已经没有老人参了。就这么走着走着，傻子说："哎，站住！我看见一棵人参。""在哪儿啊？""在树上！"人们真在树上发现了一颗千年老人参。怎么树上能结出人参来呢？因为这棵树有一个树洞，经过很多年，里边都堆上土了，风把一粒人参籽刮到树洞里。别人都在地上找人参呢，可地上的人参都没了，早让人挖光了。偏偏这上千年的老人参，让这个傻子给盯上了。所以我们说教育孩子，上大学走正道这是对的，但是，大家都低着头去上大学，都低着头去考试，这个时候如果孩子真有点什么特长，你也要发现它。敢于抬起头看看星星，看看月亮，没准就会发现一个更美好的前程。

【教子课堂】

真正的学习动力源于理想。

1. 知识消化不良症。

我们现在的孩子面对的是知识的态度。他们不是没有知识可学，而是知识太多了他们学不了。这就好像吃饭一样。在旧社会我们是到处去找饭吃，可能有一小块肉，大家就会拼命地去抢。那时候我们没有书读，有一本书大家就像发疯似的去读，而现在的孩子是每天学习的时候，桌子上都摆上的知识的满汉全席，他们根本就消化不了。

2. 马和喝水的问题。

教育学里边一个古老的命题：马和喝水的问题。聪明的人让马口渴不给它水喝，让它知道水来得多么的不容易，然后马就会自己去找，而愚蠢的人是牵着马把它的头按在水桶里。这样的马是不愿意去喝水的。我要告诉大家，特别是每一位家长，最好的学习动力是孩子的理想，如果安徒生的妈妈非逼着他去当裁缝，或者他的继父非逼着他去当搬运工，人类历史上就不会出现这些美丽的童话了。

在安徒生的那个年代，裁缝和搬运工都是令人羡慕的职业，可是真的应该允许孩子去做做他们的白日梦或者叫大头梦。

【具体做法】

1. 注意发现子女的特长、特殊爱好。
2. 偏才与怪才是需要扶植的。
3. 鼓励孩子向目标冲击，哪怕目标遥不可及。
4. 真正的学习动力源于理想。
5. 不要轻易抹杀孩子的大头梦。
6. 帮助孩子设计实现伟大目标的具体步骤。
7. 给孩子“知识的饥饿”，而不是“知识消化不良”。

【记住】

枕边心去梦亦去，醒来梦回心不回。

心有多远梦有多远。不要轻易抹杀孩子的大头梦。也许我们的孩子有一点点孤独，也许我们的孩子也有一点奇怪的想法，也许他们的想法在我们看来是多么的荒谬和不切合实际，不要轻易否定了孩子，不要逼着他们去当裁缝，而断送了一个童话作家。

那么，半疯的穷孩子，凭什么实现自己的大头梦呢？请看下回分解。

一句话可以改变人生

第四句话：不要把孩子永远留在摇篮里，子承父业不一定是最好的选择。

第四回

信念：女巫的预言

摇篮是温暖的，但是孩子不可能永远生活在摇篮中，要像《狐狸的故事》中的老狐狸那样果断地把小狐狸赶出温暖的家。

问第一个问题：你小时候一定有理想，还记得你的理想吗？

问第二个问题：你的孩子一定有理想，你怎么帮助他去实现自己的理想？

关于安徒生，一直有一个奇怪的预言。

“你儿子将来能成为一个大人物。”女巫说，“早晚有一天，奥登塞都会受到他荣誉的恩泽。”奥登塞老妇人的这个预言，可以说是文学史上最伟大的预言之一。然而，实现这个预言的道路是艰难的，安徒生成了一个“被钉在童话的十字架上”的作家。

的确，安徒生每走一步，都似乎有神鬼相助，这是为什么呢？

【我与安徒生】

80 后 90 后的孩子，他们也许知道安徒生，但是他们也许并没有认真地读过安徒生的童话，可是我是 50 后的人，安徒生是我们那一代人度过黑暗之夜的一盏明灯。

我小时候是没有书念的。

“文化大革命”期间，我们唯一能有的一本书是《毛主席语录》，所以那个时候我们会如饥似渴地去找一些书来读。那个时候我们唯一的资本是毛主席像章，我会用一个偌大无比的、最珍贵的毛主席像章去换一本《安徒生童话》，只要换到安徒生童话，就马上把它抄写下来，抄完了还不算，还要把书的插图都画下来，这样我有了一个自己制作的安徒生童话集，像这样的书我有 140 多本。

我总觉得我的童年和安徒生十分相似。我从生下来就有严重的心脏病，我的整个童年都是在医院里度过的，我唯一的享乐就是看《安徒生童话》，然后去做一些个漫无边际的白日梦。

在我 50 岁生日的时候，我收到了一份最珍贵的礼物，是一位年轻的武警，寄给我的一本英文版的安徒生童话全集，这是我 50 岁生日中最美好的礼物。

北京的中华世纪坛举办了一个安徒生的图片展，去参观的都是孩子，而独独只有我这么一位老人，看着这些图片，我真的流下了热泪，我真想给安徒生鞠一躬，然后说，你就是我的哥哥。

【14 岁与坚信礼】

1819 年，安徒生 14 岁，这一年他要接受坚信礼。这是基督教的一个习惯，要让这个少年人对基督坚定他的信心。在接受坚信礼的时候，安徒生在心里发了一个默默的誓言，我要做一个演员，而且是世界上最好的演员。不知道现在的孩子心里头有没有这样的理想，但是我要说的是，有这种理想的人，一定比没有的人要强大得多。

妈妈这个时候流着泪说，在我们这个城市连个剧团都没有，你怎么可能成为演员呢？安徒生说，不要紧，我知道有一个地方可以当演员，那就是哥本哈根，可惜哥本哈根是丹麦的首都，一个洗衣人的儿子怎么可能到首都去当演员呢？

【神秘的绅士：一凡尔】

妈妈叹着气说，你的疯病又犯了。

真的，安徒生的爷爷是疯子，安徒生的爸爸又疯了，现在轮到了安徒生，可是我要对天下的父母说，如果安徒生不疯，他就不是安徒生。安徒生有自己的想法，因为他认识奥登塞的一个大人物，这个人物在他看来就是自己的大救星，这个绅士的名字叫一凡尔。

因为安徒生在后台曾经看过哥本哈根皇家剧团的艺术总监曾经和一凡尔先生一起合唱，所以安徒生下了决心找到一凡尔，找到一凡尔，就是找到了希望。

安徒生一家一家地打听，但是他没有找到。这时候，一个老爷爷冲着他微笑地说，小伙子跟我走吧。在老人的指引下，他们来到了一所古老破旧的城堡，里边出现了一个白头发、奇怪的人，安徒生摘下礼帽深深地鞠了一躬，他说，一凡尔先生，我叫安徒生，是专门来拜访您的。

一凡尔家的客厅里摆满了古董，像是一座博物馆，安徒生并没有去欣赏这些古董，而是站着对一凡尔说，我想让您介绍我到哥本哈根大剧院去演戏。一凡尔笑了，你是跟我开玩笑吧，像你这样的青年人最好去学点手艺，现在最吃香的是裁缝，厨子也不错，如果你学好了厨子的手艺，到哥本哈根，起码自己饿不死。

安徒生单刀直入地说，炸鱼子酱或者烤面包这种事情我不愿意做，您能不能给我写封信，就是我们现在所说的推荐信。

一凡尔先生点了点头说好，那我就给我的朋友沙尔夫人写一封信。要知道沙尔夫人是全丹麦最有名的舞蹈演员，有了沙尔夫人的帮助还愁当不上演员吗？晚上回到家，安徒生给了妈妈一个吻。他点上了灯，告诉他妈妈这个振奋人心的消息。安徒生真是个伟大的人物，他居然在收到推荐信的当天晚上就开始了准备去哥本哈根的行程。

【外祖母的预言】

慈母手中线，游子身上衣，临行密密缝，意恐迟迟归，谁言寸草心，报得三春晖。

妈妈给他准备了童话故事书，还把他那个坚定的一条腿的锡兵也放在了行李中。安徒生到哥本哈根，动用了家里全部的存款，现在有两种说法，一种是30块钱，一种是13个硬币。

妈妈这个时候抱住安徒生说：“以后就全靠你自己照顾自己，不要忘记外祖母对你说过的话，演员过了40岁就要去要饭，因为没有一个戏院是会去养一个老的演员。”

【心理学：青春期恐惧症】

说到14岁，也许是某些青年人步入青年的标志，这里讲一个心理学的名词，叫青春期恐惧症。

所有的男孩子到了这个年纪肌肉长出来了，喉结长出来了，甚至嘴上长起了胡子，有的人会长得很高，像他们的父亲一样，但是不要忘记他们是一个成人的外壳，却带着一个小孩的头脑。

这个时候男孩子会非常的恐惧，他们不知道前面是什么，他们渴望被社会承认，他们渴望会有一个舞台，他们渴望会像父亲那样风光去挣钱、去喝酒、去表现，所以在这个年龄段孩子们会做很多出格的事，很多不可思议的事情，父母千万不要埋怨。

【闭着眼睛在5层楼顶窄窄的楼边上跑步】

我小时候到了这个年龄段，会与小朋友比赛，闭着眼睛在5层楼上那个窄窄的楼边上跑步。实际上大家都知道只要脚踩空了一步，就会掉下去摔死，但是所有的小男孩都会闭着眼睛勇敢地往前跑，用这种办法来展示自己已经变成了大人。所以我要跟普天下的爸爸妈妈说，当孩子到了这个年龄段他们去冒险也不要指责。

【《狐狸的故事》】

一个日本的有名的电影叫《狐狸的故事》，狐狸的爸爸那么呵护着它的儿子，当孩子长大的时候就把它们赶出家门。

天渐渐地黑了下来，在洞口争执的父母也都疲倦了，突然，狐狸的父亲发出了凄凉而威严的吼声，并开始凶猛地向自己的孩子愤怒地扑了过来，小狐狸们被惊吓得连连后退，在狐狸爸爸的紧紧驱逐下，小狐狸们也凄惨地叫着向后退着，边叫边跑边回头，它们看着曾是那么温暖的家、曾是那么疼爱自己的爸爸妈妈，不明白为什么把自己撵出家门，它们留恋这个家啊！

【守业不祥】

过去有句话叫“富不过三代”，也就是一个家族不可能永远地昌盛下去，清朝末年的八旗子弟就是个例子。他们提着鸟笼子抽着大烟枪，他们不需要劳动，但正是这样导致了他们整体的灭亡。我是山东人，我们家族曾经顽强地恪守这样一个信念，叫“守业不祥”。

我祖籍在山东威海。

吾子出国，向祖父告别。

祖父告诫，老王家有家训：“守业不祥。（靠祖先所立的基业，对子女不利，是不祥之兆。）”故王家世世代代，儿孙长成，必须离开故土，千里创业，披荆棘，斩荒蛮。不守祖业，不仰余荫。

不知何朝何代，老王家祖先算卦，求神明指点家族兴旺之道，卦辞曰：“守业不祥。”

吾曾祖父为皮匠。

吾祖父为石匠，15 岁赴韩国京城府（汉城）做工。

吾父为军人，15 岁背 4 颗手榴弹，一支马枪随共产党打天下，后毕业于苏联基洛夫军事学院。一生为军医。

吾考大学，也想子承父业学医，父母坚决不允：“守业不祥。故改为警察，赴日、英、芬兰留学，引进西方警察科学。

子承父业，富不过三代。八旗子弟，提笼架鸟，殷鉴不远。

“守业不祥。”儿孙自开疆土，纵有七灾八难，终有龙归沧海之时。

呜咽，感伤！

【安徒生童话：光荣的荆棘路】

世界的历史像一组幻灯片，它在黑暗背景上，放映出明朗的片子，说明那些造福人类的善人、天才和殉道者在怎样走着荆棘路。

这些光耀的图片把各个时代、各个国家都反映给我们看。每张片子只映几秒钟，但是它却代表整个的一生——充满了斗争和胜利的一生。我们现在来看看这些殉道者行列中的人吧——除非这个世界本身遭到灭亡，这个行列是永远没有穷尽的。

1. 苏格拉底。我们现在来看看一个挤满了观众的圆形剧场吧。讽刺和幽默的语言像潮水一般地从阿里斯托芬的“云”喷射出来。雅典最了不起的一个人物，在人身和精神方面，都受到了舞台上的嘲笑。他名叫苏格拉底。

你，多汁的，绿色的毒胡萝卜，雅典的阴影不是橄榄树而是你！

2. 荷马。7 个城市国家在彼此争辩，都说荷马是在自己城里出生的——这也就是说，在荷马死了以后！请看看他活着的时候吧！他在这些城市里流浪，靠朗诵自己的诗篇过日子。他一想起明天的生活，他的头发就变得灰白起来。他，这个伟大的先知者，是一个孤独的瞎子。锐利的荆棘把这位诗中圣哲的衣服撕得稀烂。

3. 哥伦布。街上的野孩子常常跟在他后面讥笑他，因为他想发现一个新世界——而且他也就居然发现了。欢乐的钟声迎接着他的胜利归来，但嫉妒的钟敲得比这还要响亮。他，这个发现新大陆的人，这个把美洲黄金的土地从海里捞起来的人，这个把一切贡献给他的国王的人，所得到的酬报是一条铁链。他希望把这条链子放在他的棺材上，让世人可以看到他的时代所给予他的评价。

图画一幅接着一幅地出现，光荣的荆棘路真是没有尽头。

4. 伽利略。在黑暗中坐着一个人，他要量出月亮里山岳的高度。他探索星球与行星之间的太空。他这个巨人懂得大自然的规律。他能感觉到地球在他的脚下转动。这人就是伽利略。老迈的他，又聋又瞎，坐在那儿，在尖锐的苦痛中和人间的轻视中挣扎。他几乎没有气力提起他的一双脚：当人们不相信真理的时候，他在灵魂的极度痛苦中曾经在地上跺着这双脚，高呼着：“但是地在转动呀！”

历史拍着它强大的翅膀，飞过许多世纪，同时在光荣的荆棘路的这个黑暗背景上，映出许多明朗的图画，来鼓起我们的勇气，给予我们安慰，促使我们

内心的平安。这条光荣的荆棘路，跟童话不同，并不在这个人世间走到一个辉煌和快乐的终点，但是它却超越时代，走向永恒。

【教子课堂：一句话改变人生】

不要把孩子留在摇篮。

1. 不要总认为子女是小孩。
2. 子女两岁让他自己吃饭、睡觉。
3. 子女 3 岁让他自己走回家的路（大人偷偷跟在后边）。
4. 子女摔倒不要急着去扶。
5. 出门游玩让子女自己打点行李。
6. 子承父业不一定是最好的选择。
7. 让子女选择理想。

【结论】

这个时候妈妈出去了，消失在黑夜中，安徒生不知道妈妈出去干什么，可是这里边藏着一个惊天的秘密，原来妈妈出去找了一个巫婆，为儿子的行程算了一卦，他居然得到巫婆的答复。答复是这样的，你的儿子将成为丹麦最伟大的人物，整个城市都将为他点燃火把，高呼着他的名字。

如果你不甘心平庸，你的路一定是荆棘之路。

巫婆的预言能够应验吗？安徒生手里的那封推荐信能够起作用吗？哥本哈根的路真的很漫长？请看下回分解！

第五句话：男孩的耳朵是长在背上的。

第五回

挫折：漂在哥本哈根的4次惨败

男孩能吃千般苦，女儿能绣万朵花，吃苦对男人来说应该是最有效的成长秘诀。

最好是把真理比做燧石，——它受到的敲打越厉害，发射出的光辉就越灿烂。

——马克思

【举棋不定是一种美德】

有一个女孩问我：
是留在北京继续“漂着”，
还是回老家？
北京很难留下，竞争异常残酷。
老家舒适安逸，有很好的位置。
这是个很美的女孩，
也很有思想。
我说：
举棋不定是一种美德，
不要急着决定。
人有两种人生：
一是谁要跟上时代的脚步，谁就不会默默无闻。
二是自我设计，自我实现。
谁要跟上时代的脚步，谁就不会默默无闻。
这种人生简单、充实、知足、省心。
红军长征中，
许多放牛娃放下鞭子参军，
后来当了将军……
自我设计，自我实现。
这种人生复杂、徘徊、恐惧、劳神。
陈景润非要与命抗争，
最后成了当代名人。
其实人生也是在赌，
最后还要自己下决心。
举棋不定是一种美德，

老了，不后悔就行。

【失败之一：假推荐信】

安徒生终于到了哥本哈根，第二天他就带着那封宝贝似的推荐信去找丹麦的芭蕾舞皇后沙尔夫人，可是几天都没有找到。住店的老板娘对这个瘦瘦高高的青年人非常怀疑，他拦住安徒生说，你到底是干什么的？你有没有钱交住宿费？

安徒生说，我只是要找个朋友，找到朋友，所有的问题都会解决，老板娘说那么你到底要找谁？沙尔夫人。嗨，原来你要找沙尔夫人，地球人都知道。

这个时候，安徒生感觉有一点点不对劲。他又拿出了一凡尔绅士写的那封推荐信，这时候感到心里一阵冰凉。他真的想如果一凡尔绅士认识沙尔夫人，那么他为什么不在推荐信的信封上写上地址。安徒生是一个非常敏感的人，他突然感觉到这是一场骗局。

【失败之二：沙尔夫人】

经过老板娘的指点，安徒生很快就找到了沙尔夫人，安徒生单刀直入地对她说："沙尔夫人，我想在皇家剧院做一名演员。"

"你想做演员，那你总得有什么表演才能。"安徒生说："我会演《灰姑娘》中的一场戏。"安徒生真的等来了人生这次表演的机会，终于可以当着沙尔夫人的面表演自己人生的梦想。他完全陶醉在《灰姑娘》的剧情中，真的疯了。他一会儿哭，一会儿笑，整整演了一两个小时，可是台下的沙尔夫人却丝毫没有反应，演完之后，沙尔夫人冷冷地说："我们回去商量一下，如果有角色的话会通知你。"

这是安徒生命运。这两件最高兴的事都失败了：第一个是他得到的那封推荐信是一个骗局，第二个是他最尊敬的舞台王后沙尔夫人也没有给他打开剧院的大门。

【失败之三：剧院经理的 4 盆凉水】

这一上午他就蒙受了两次灭顶之灾，但是他不知道紧接着还会有第三次失败、第四次失败。从皇家剧院出来，天已经很晚了。安徒生走过一条哥本哈根最繁华的街道，一行字跳入他的眼帘。安徒生真的疯了，居然在剧院的门口看到有一个招聘演员的广告，安徒生想都没想就跑到了老板的面前。当他看到老板的时候却流出了热泪，老板说，你要做什么，年轻的孩子请告诉我。安徒生说，我想做一名演员。

老板不相信面前的这个孩子。他原来以为这个孩子是想要一顿饭，或者要一枚硬币。老板真的不愿意伤害安徒生的自尊心。这似乎就好像今天一位年轻人，站在中央电视台门前对门卫说我想上春晚那样的话，但是老板还是对安徒生说，你有几个不合格的地方：

第一，你太瘦了；

第二，你长得不漂亮；

第三，你没有受过演员的训练；

第四，你没有受过正规的教育。

听到第一，听到第二，听到第三的时候，安徒生还想争辩，但是听到第四没有受过正规教育的时候他真的绝望了，这是安徒生在哥本哈根第一天遭受的第三次打击。

知道白居易为什么叫白居易吗？其实白居易也有一段像安徒生一样的经历。

他到长安去写诗，好心人告诉他说长安米很贵，你在这个地方居住真的很不易。

【失败之四：马戏团的小丑】

安徒生在哥本哈根没住几天就把13个硬币花完了，也就是说如果当天早晨再走出旅馆的时候，当天晚上他是不可能再走回去的。这时候，一个好心人给安徒生带来了一个好消息，说剧院不成，马戏团你总可以去试一下。真是天无绝人之路。这天早晨，安徒生起床的时候向天祷告，我一定要在马戏团找到一个角色，哪怕是个丑角也行。可是到了马戏团，老板又给他了一副冰冷和丑恶的面孔，老板问他："你能演什么角色呢？"安徒生说："我可以演一个小丑。"老板说："我们不需要小丑啊，如果你会训老虎、训狮子，哪怕是训黑熊也可以。"最后，老板礼貌地对安徒生说："好吧，当我们需要小丑的时候，一定会通知你。"

【北漂一族】

其实，安徒生的这个遭遇在现代的北京也可以到处看到，我们可以看到北京成千上万的年轻人在地铁里拼命地奔跑、拥挤。他们要在北京找到一个生存的空间，他们有了一个很恰当的名字叫“北漂一族”。

顽强考研的、无奈陪酒的、坚强打工的、找不到北的与铤而走险的……

北漂，一群充满无穷希望，而又背负巨大压力的一群热血青年与中年。一群为北京创造了巨大财富的人，一群可能决定北京未来的精英们，在社会巨变的背景下，他们是一群漂浮于木排之上，而勇于追逐风暴与滔天巨浪的骑士。面对压力，他们分化为5种人，朋友，你是第几种人？

【心理学：适应模式5个层次】

莫顿把实现社会目标的过程分为5个层次：

1. 遵纪守法

这种人是历经千辛万苦而痴心不改的理想主义者。他们的理想是走正路，做老实人。有考研的、考公务员的，他们的口号是：穷则思变。遇到困难，他们永不言弃，碰到挫折，他们卷土重来。我带的研究生中，有连考3年而不中，越挫越奋，第四年成功的英雄。有从车站卖水果起家，变为大老板而又回馈社会的义士。这类人是北漂一族的主流。

2. 改革变异

这种人是为达到目的而不择手段的人。像敢于向牛奶中加三氯氰胺的所谓“道德君子们”。我认识一个女孩，是大学生，长得很漂亮，对家里说自己在北京中关村做IT，实际上是做小姐，在北京挣1年钱，回家金盆洗手，重做新人。

3. 仪式主义

这种人是一群碰了钉子，而又无可奈何的人。也许表面上，他们会发牢骚、说怪话，但内心在矛盾之中煎熬，仍未彻底放弃理想。他们是一群内心极为善良而又迷茫的孤独斗士。我认识一个女孩，曾是某省的电视节目主持人，漂在北京，做个小记者，内心矛盾，举棋不定。还有离婚的一群青年女性，画家村的画匠们，各种已办公司或打算办公司的不屈不挠的尝试者。

4. 逃跑主义

这是一群找不着北的堂吉珂德。他们或迷恋于网络，或痴迷于毒品，醉生梦死。在现实生活中碰得头破血流，于是对现实采用了逃跑主义的态度。

5. 暴乱犯罪

极少数人铤而走险，采用了否定目的、又否定手段的方式。好在这种人还真没几个。

【社会心理学：社会反常状态论（Anomie Theory）】

这是犯罪社会学理论之一。英文“Anomie”含义为：“个人或团体缺乏常规性的社会与伦理标准。”中文无对应词汇，可译作“反常状态”。其理论核心为：个人成功的标志为目标和手段。如果某一个社会成员不能获得社会公认的成功目标。他就会通过改变目标或改变手段来达到个人实现，这就是犯罪或越轨。

莫顿考察了由社会反常状况所产生的越轨行为，在1938年提出了著名的定律，一石激起千层浪，在犯罪学界引起了巨大反响。

【人是什么？人就是一口气】

1. 生于忧患，死于安乐。伟大的作品的诞生，大多是作者没有书房之时。有了书房一般就没了作品。作家很少有文学系的。1979年我在北师大上二年级，自费调查了500个文学家、艺术家，给他们做性格心理测定：艾青，臧克家……结论是：平均文化水平为小学生，逆境出人才。安徒生是生在棺材上的！

2. 生于忧患，死于安乐。伟大的作品的诞生，大多是作者要饱受出版社的嘲讽与白眼。“文化大革命”前作家中的右派，关牛棚的特别多。我的第一本学术著作《英美警察科学》，1995年交到出版社，没人理睬，自己交了5000元才出版。结果就被一订而空。

3. 生于忧患，死于安乐。卢勤老师主张爱；大伟主张逆境出人才。但我们一致认为，家中父母最心痛的子女，大都没有出息。富不过三代，八旗子弟殷鉴不远。凡有病的、残疾的、长得丑的都可发奋，卧薪尝胆，后发至人。我佩服的学生，都是穷家子弟，不顺命运之安排者。

4. 生于忧患，死于安乐。没有军衔的军队战斗力最强，如红军、志愿军。见过八路军的大刀吗？薄铁片子！见过日本军的战刀吗？菊花钢，锋刃如兰吉列刀片。见过志愿军的军服吗？又丑又臃肿，还有很多人冰天雪地也没有鞋。然而我们最后赢得了胜利！

年轻的朋友，当新的一年开始的时候，如果你处于逆境，如果你被别人打压，如果你是穷孩子，如果你是残疾人，如果你找不到北，如果你没人爱。记住大伟的忠告，鲜花开得早，凋零得也早。卧薪尝胆，后发制人。打造男人的方法与炼钢是一样的，你受到的打击越猛烈，你的光辉就越灿烂。人生一定有彩虹！男儿何不带吴钩，直取关山五十州。请接受大伟的长揖……

【教子课堂：一句话改变人生】

男孩的耳朵长在背上。

我是学教育学的，教育学里有一个很有名的著述叫《大教学论》，里面有一句名言叫男孩的耳朵是长在背上的。这句话如果用中国话说，就叫男儿能吃千般苦，女儿能绣万朵花，也就是说当男孩子受到的挫折越大的话他的领悟就越大，他的意志就越坚强，他的信心就越升华。可以说挫折是造就人非常好的方法。我们现在的父亲和母亲总是希望给孩子创造一种无挫折的环境，而这样的孩子怎么能面对大千世界的挑战呢？

【男孩的耳朵长在背上】

现在教育孩子有好多种观点。卢勤老师，人称“知心姐姐”，是教育家，我非常尊重她。知心姐姐说，教育孩子，有一个秘方，就是把孩子往死里夸：“哎呀，你太好了，你太棒了！你怎么这么棒啊！”可是我的观点就跟她的观点有点不一样，我们学教育的有一句话，叫“男孩的耳朵长在背上”。对于男孩来说过去就是打，现在不打总也得惩戒一下。在做一个电视节目时，我和“知心姐姐”卢老师的观点不一样，你说你的理，我说我的理，说着说着，别人说你们俩是不是吵起来了？其实是没有的，我们俩就是说得高兴。最后结局怎么样呢？节目收视率特别高。

教育孩子光夸也不行，光打也不行。

【赞赏和惩戒，是一条渡船上的两只桨】

教育孩子犹如划船，总是鼓励这船打转转不会向前，总是批评也不会向前。教育孩子，一定两个方面都要有。《三字经》里有这么几句话：“养不教，父之过，教不严，师之惰。”孩子教育不好，是谁的责任？是当爹的责任，跟别人没关系。不对孩子严格要求，那是老师无能，是老师懒惰。对于孩子，我们是不是尽了责任？孩子不成器，我们是有责任的，“养不教，父之过，教不严，师之惰”。后面一句话是“玉不琢，不成器，人不学，不知义”，要让孩子知道道理，就像雕刻玉器一样，得下工夫，得花时间和精力。

【结论】

人生的航船有两只桨，一只叫激励，一只叫挫折，如果我们总是赞扬孩子，总是给他们微笑，那么这只船桨只会让船在原地打转，在给他奖励的同时，一定还要划另一只桨，叫挫折，那样船会向前进，那样，船才能离开家乡的港湾。

那么，“哥漂”一族安徒生在遇到4次惨败之后，还能在首都扎下根吗？还是退回了奥登塞呢？请看下回分解。

【延伸阅读】

丑小鸭

乡下真是非常美丽。这正是夏天！小麦是金黄的，燕麦是绿油油的。干草在绿色的牧场上堆成垛，鹳鸟迈开它又长又红的腿在散步。田野和牧场的周围有些大森林，森林里有些很深的池塘。的确，乡间是非常美丽的，太阳光正照着一幢老式的房子，它周围流着几条很深的小溪。从墙角那儿一直到水里，全盖满了牛蒡的大叶子。最大的叶子长得非常高，小孩子简直可以直着腰站在下面。像在最浓密的森林里一样，这儿也是很荒凉的。这儿有一只母鸭坐在窠里，她得把她的几个小鸭都孵出来。不过这

时她已经累坏了。很少有客人来看她。别的鸭子都愿意在溪流里游来游去，而不愿意跑到牛蒡下面来和她聊天。

最后，那些鸭蛋一个接着一个地绷开了。“噼！噼！”蛋壳响起来。所有的蛋黄现在都变成了小动物。他们把小头都伸出来。

“嘎！嘎！”母鸭说。他们也就跟着嘎嘎地大声叫起来。他们在绿叶子下面向四周看。妈妈让他们尽量地东张西望，因为绿色对他们的眼睛是有好处的。

“这个世界真够大！”这些年轻的小家伙说。的确，比起他们在蛋壳里的时候，他们现在的天地真是大不相同了。

“你们以为这就是整个世界！”妈妈说，“这地方伸展到花园的另一边，一直伸展到牧师的田里去，才远呢！连我自己都没有去过！我想你们都在这儿吧？”她站起来。“没有，我还没有把你们都生出来呢！这只顶大的蛋还躺着没有动静。它还得躺多久呢？我真是有些烦了。”于是她又坐下来。

“唔，情形怎样？”一只来拜访她的老鸭子问。

“这个蛋费的时间真久！”坐着的母鸭说，“它老是不裂开。请你看看别的吧。他们真是一些最逗人爱的小鸭儿！都像他们的爸爸——这个坏东西从来没有来看过我一次！”

“让我瞧瞧这个老是不裂开的蛋吧，”这位年老的客人说，“请相信我，这是一只吐绶鸡的蛋。有一次我也同样受过骗，你知道，那些小家伙不知道给了我多少麻烦和苦恼，因为他们都不敢下水。我简直没有办法叫他们在水里试一试。我说好说歹，一点用也没有！——让我来瞧瞧这只蛋吧。哎呀！这是一只吐绶鸡的蛋！让他躺着吧，你尽管叫别的孩子去游泳好了。”

“我还是在它上面多坐一会儿吧，”鸭妈妈说，“我已经坐了这么久，就是再坐它一个星期也没有关系。”

“那么就请便吧，”老鸭子说。于是她就告辞了。

最后这只大蛋裂开了。“噼！噼！”新生的这个小家伙叫着向外面爬。他是又大又丑。鸭妈妈把他瞧了一眼。“这个小鸭子大得怕人，”她说，“别的没有一个像他；但是他一点也不像小吐绶鸡！好吧，我们马上就来试试看吧。他得到水里去，我踢也要把他踢下水去。”

第二天的天气是又晴和，又美丽。太阳照在绿牛蒡上。鸭妈妈带着她所有的孩子走到溪边来。扑通！她跳进水里去了。“呱！呱！”她叫着，于是小鸭子就一个接着一个跳下去。

水淹到他们头上，但是他们马上又冒出来了，游得非常漂亮。他们的小腿很灵活地划着。他们全都在水里，连那个丑陋的灰色小家伙也跟他们在一起游。

“唔，他不是一个吐绶鸡，”她说，“你看他的腿划得多灵活，他浮得多么稳！他是我亲生的孩子！如果你仔细看一看，他还算长得蛮漂亮呢。嘎！嘎！跟我一块儿来吧，我把你们带到广大的世界上去，把那个养鸡场介绍给你们看看。不过，你们得紧贴着我，免得别人踩着你们。你们还得当心猫儿呢！”

这样，他们就到养鸡场里来了。场里响起了一阵可怕的喧闹声，因为有两个家族正在争夺一个鳝鱼头，而结果猫儿却把它抢走了。

“你们瞧，世界就是这个样子！”鸭妈妈说。她的嘴流了一点涎水，因为她也想吃那个鳝鱼头。“现在使用你们的腿吧！”她说，“你们拿出精神来。你们如果看到那儿的一个老母鸭，就得把头低下来，因为她是这儿最有声望的人物。你们看，她的腿上有一块红布条。这是一件非常出色的东西，也是一个鸭子可能得到的最大光荣：它的意义很大，说明人们不愿意失去她，动物和人统统都得认识她。打起精神来吧——不要把腿缩进去。一个有很好教养的鸭子总是把腿摆开的，像爸爸和妈妈一样。好吧，低下头来，说：‘嘎’呀！”

他们这样做了。别的鸭子站在旁边看着，同时用相当大的声音说：“瞧！现在又来了一批找东西吃的客人，好像我们的人数还不够多似的！呸！瞧那只小鸭的一副丑相！我们真看不惯！”

于是马上有一只鸭子飞过去，在他的脖颈上啄了一下。

“请你们不要管他吧，”妈妈说，“他并不伤害谁呀！”

“对，不过他长得太大、太特别了，”啄过他的那只鸭子说，“因此他必须挨打！”

“那个母鸭的孩子都很漂亮，”腿上有一条红布的那个母鸭说，“他们都很漂亮，只有一只是例外。这真是可惜。我希望能把他再孵一次。”

“那可不能，太太，”鸭妈妈回答说，“他不好看，但是他的脾气非常好。他游起水来也不比别人差——我还可以说，游得比别人好呢。我想他会慢慢长得漂亮的，或者到适当的时候，他也可能缩小一点。他在蛋里躺得太久了，因此他的模样有点不太自然。”她说着，同时在他的脖颈上啄了一下，把他的羽毛理了一理。“此外，他还是一只公鸭呢，”她说，“所以关系也不太大。我想他的身体很结实，将来总会自己找到出路的。”

“别的小鸭倒很可爱，”老母鸭说，“你在这儿不要客气。如果你找到鳝鱼头，请把它送给我好了。”

他们现在在这儿，就像在自己家里一样。

不过从蛋壳里爬出的那只小鸭太丑了，到处挨打，被排挤，被讥笑，不仅在鸭群中是这样，连在鸡群中也是这样。

这只可怜的小鸭不知道站在什么地方，或者走到什么地方去好。他觉得非常悲哀，因为自己长得那么丑陋，而且成了全体鸡鸭的一个嘲笑对象。

这是头一天的情形，后来一天比一天糟。大家都要赶走这只可怜的小鸭；连他自己的兄弟姊妹也对他生气了。他们老是说："你这个丑妖怪，希望猫儿把你抓去才好！"于是妈妈也说起来："我希望你走远些！"鸭儿们啄他，小鸡打他，喂鸡鸭的那个女佣人用脚来踢他。

于是他飞过篱笆逃走了。灌木林里的小鸟一见到他，就惊慌地向空中飞去。"这是因为我太丑了！"小鸭想。于是他闭起眼睛，继续往前跑。他一口气跑到一块住着野鸭的沼泽地里。他在这儿躺了一整夜，因为他太累了，太丧气了。

天亮的时候，野鸭都飞起来了。他们瞧了瞧这位新来的朋友。

"你是谁呀？"他们问。小鸭一下转向这边，一下转向那边，尽量对大家恭恭敬敬地行礼。

"你真是丑得厉害，"野鸭们说，"不过只要你不跟我们族里任何鸭子结婚，对我们倒也没有什么大的关系。"可怜的小东西！他根本没有想到什么结婚；他只希望人家准许他躺在芦苇里，喝点沼泽的水就够了。

他在那儿躺了两个整天。后来有两只雁——严格地讲，应该说是两只公雁，因为他们是两个男的——飞来了。他们从娘的蛋壳里爬出来还没有多久，因此非常顽皮。

"听着，朋友，"他们说，"你丑得可爱，连我们都禁不住要喜欢你了。你做一只候鸟，跟我们一块儿飞走好吗？另外有一块沼泽地离这儿很近，那里有好几只活泼可爱的雁儿。她们都是小姐，都会说：'嘎！'你是那么丑，可以在她们那儿碰碰你的运气！"

"噼！啪！"天空中发出一阵响声。这两只公雁落到芦苇里，死了，把水染得鲜红。"噼！啪！"又是一阵响声。整群的雁儿都从芦苇里飞起来，于是又是一阵枪声响起来了。原来有人在大规模地打猎。猎人都埋伏在这沼泽地的周围，有几个人甚至坐在伸到芦苇上空的树枝上。蓝色的烟雾像云块似的笼罩着这些黑树，慢慢地在水面上向远方漂去。这时，猎狗都扑通扑通地在泥泞里跑过来，灯芯草和芦苇向两边倒去。这对于可怜的小鸭说来真是可怕的事情！他把头掉过来，藏在翅膀里。不过，正在这时候，一只骇人的大猎狗紧紧地站在小鸭的身边。它的舌头从嘴里伸出很长，眼睛发出丑恶和可怕的光。它把鼻子顶到这小鸭的身上，露出了尖牙齿，可是它跑开了，没有把他抓走。

"啊，谢谢老天爷！"小鸭叹了一口气，"我丑得连猎狗也不要咬我了！"

他安静地躺下来。枪声还在芦苇里响着，枪弹一发接着一发地射出来。

天快要暗的时候，四周才静下来。可是这只可怜的小鸭还不敢站起来。他等了好几个钟头，才敢向四周望一眼，于是他急忙跑出这块沼泽地，拼命地跑，向田野上跑，向牧场上跑。这时吹起一阵狂风，他跑起来非常困难。

到天黑的时候，他来到一个简陋的农家小屋。它是那么残破，甚至不知道应该向哪一边倒才好——因此它也就没有倒。狂风在小鸭身边号叫得非常厉害，他只好面对着它坐下来。

它越吹越凶。于是他看到那门上的铰链有一个已经松了，门也歪了，他可以从空隙钻进屋子里去，便钻进去了。

屋子里有一个老太婆和她的猫儿，还有一只母鸡住在一起。她把这只猫儿叫“小儿子”。他能把背拱得很高，发出咪咪的叫声来；他的身上还能迸出火花，不过要他这样做，你就得倒摸他的毛。母鸡的腿又短又小，因此她叫“短腿鸡儿”。她生下的蛋很好，所以老太婆把她爱得像自己的亲生孩子一样。

第二天早晨，人们马上注意到了这只来历不明的小鸭。那只猫儿开始咪咪地叫，那只母鸡也咯咯地喊起来。

“这是怎么一回事儿?”老太婆说，同时朝四周看。不过她的眼睛有点花，所以她以为小鸭是一只肥鸭，走错了路，才跑到这儿来了。“这真是少有的运气!”她说，“现在我可以有鸭蛋了。我只希望他不是一只公鸭才好！我们得弄个清楚!”

这样，小鸭就在这里受了三个星期的考验，可是他什么蛋也没有生下来。那只猫儿是这家的绅士，那只母鸡是这家的太太，所以他们一开口就说：“我们和这世界!”因为他们以为他们就是半个世界，而且还是最好的那一半呢。小鸭觉得自己可以有不同的看法，但是他的这种态度，母鸡却忍受不了。

“你能够生蛋吗?”她问。

“不能!”

“那么就请你不要发表意见。”

于是雄猫说:“你能拱起背，发出咪咪的叫声和迸出火花吗?”

“不能!”

“那么，当有理智的人在讲话的时候，你就没有发表意见的必要!”

小鸭坐在一个墙角里，心情非常不好。这时他想起了新鲜空气和太阳光。他觉得有一种奇怪的渴望：他想到水里去游泳。最后他实在忍不住了，就不得不把心事对母鸡说出来。

“你在起什么念头?”母鸡问。“你没有事情可干，所以你才有这些怪想头。你只要生几个蛋，或者咪咪地叫几声，那么你这些怪想头也就会没有了。”

“不过，在水里游泳是多么痛快呀!”小鸭说，“让水淹在你的头上，往水底一钻，那是多么痛快呀!”

“是的，那一定很痛快!”母鸡说，“你简直在发疯。你去问问猫儿吧——在我所认识的一切朋友当中，他是最聪明的——你去问问他喜欢不喜欢在水里游泳，或者钻进水里去。我先不讲我自己。你去问问你的主人——那个老太婆——吧，世界上再也没有比她更聪明的人了！你以为她想去游泳，让水淹在她的头顶上吗?”

“你们不了解我，”小鸭说。

“我们不了解你？那么请问谁了解你呢？你决不会比猫儿和女主人更聪明吧——我先不提我自己。孩子，你不要自以为了不起吧！你现在得到这些照顾，你应该感谢上帝。你现在到一个温暖的屋子里来，有了一些朋友，而且还可以向他们学习很多的东西，不是吗？不过你是一个废物，跟你在一起真不痛快。你可以相信我，我对你说这些不好听的话，完全是为了帮助你呀。只有这样，你才知道谁是你的真正朋友！请你注意学习生蛋，或者咪咪地叫，或者迸出火花吧！”

“我想我还是走到广大的世界上去好，”小鸭说。

“好吧，你去吧！”母鸡说。

于是小鸭就走了。他一会儿在水上游，一会儿钻进水里去；不过，因为他的样子丑，所有的动物都瞧不起他。秋天到来了。树林里的叶子变成了黄色和棕色。风卷起它们，把它们带到空中飞舞，而空中是很冷的。云块沉重地载着冰雹和雪花，低低地悬着。乌鸦站在篱笆上，冻得只管叫：“呱！呱！”是的，你只要想想这情景，就会觉得冷了。这只可怜的小鸭的确没有一个舒服的时候。

一天晚上，当太阳正在美丽地落下去的时候，有一群漂亮的大鸟从灌木林里飞出来，小鸭从来没有看到过这样美丽的东西。他们白得发亮，颈项又长又柔软。这就是天鹅。他们发出一种奇异的叫声，展开美丽的长翅膀，从寒冷的地带飞向温暖的国度，飞向不结冰的湖上去。

他们飞得很高——那么高，丑小鸭不禁感到一种说不出的兴奋。他在水上像一个车轮似的不停地旋转着，同时，把自己的颈项高高地向他们伸着，发出一种响亮的怪叫声，连他自己也害怕起来。啊！他再也忘记不了这些美丽的鸟儿，这些幸福的鸟儿。当他看不见他们的时候，就沉入水底；但是当他再冒到水面上来的时候，却感到非常空虚。他不知道这些鸟儿的名字，也不知道他们要向什么地方飞去。不过他爱他们，好像他从来还没有爱过什么东西似的。他并不嫉妒他们。他怎能梦想有他们那样美丽呢？只要别的鸭儿准许他跟他们生活在一起，他就已经很满意了——可怜的丑东西。

冬天变得很冷，非常的冷！小鸭不得不在水上游来游去，免得水面完全冻结成冰。不过他游动的这个小范围，一晚比一晚缩小。水冻得厉害，人们可以听到冰块的碎裂声。小鸭只好用他的一双腿不停地游动，免得水完全被冰封闭。最后，他终于昏倒了，躺着动也不动，跟冰块结在一起。

大清早，有一个农民在这儿经过。他看到了这只小鸭，就走过去用木屐把冰块踏破，然后把他抱回来，送给他的女人。他这时才渐渐地恢复了知觉。

小孩子们都想要跟他玩，不过小鸭以为他们想要伤害他。他一害怕就跳到牛奶盘里去了，把牛奶溅得满屋子都是。女人惊叫起来，拍着双手。这么一来，小鸭就飞到黄油盆里去了，然后就飞进面粉桶里去了，最后才爬出来。这时他的样子才好看呢！

女人尖声地叫起来，拿着火钳要打他。小孩们挤做一团，想抓住这小鸭。他们又是笑，又是叫！——幸好大门是开着的。他钻进灌木林中新下的雪里面去。他躺在那里，几乎像昏倒了一样。

要是只讲他在这严冬所受到困苦和灾难，那么这个故事也就太悲惨了。当太阳又开始温暖地照着的时候，他正躺在沼泽地的芦苇里。百灵鸟唱起歌来了——这是一个美丽的春天。

忽然间他举起翅膀：翅膀拍起来比以前有力得多，马上就把他托起来飞走了。他不知不觉地已经飞进了一座大花园。这儿苹果树正开着花；紫丁香在散发着香气，它又长又绿的枝条垂到弯弯曲曲的溪流上。啊，这儿美丽极了，充满了春天的气息！3只美丽的白天鹅从树荫里一直游到他面前来。他们轻飘飘地浮在水上，羽毛发出飕飕的响声。小鸭认出这些美丽的动物，于是心里感到一种说不出的难过。

“我要飞向他们，飞向这些高贵的鸟儿！可是他们会把我弄死的，因为我是这样丑，居然敢接近他们。不过这没有什么关系！被他们杀死，要比被鸭子咬、被鸡群啄、被看管养鸡场的那个女佣人踢和在冬天受苦好得多！”于是他飞到水里，向这些美丽的天鹅游去。这些动物看到他，马上就竖起羽毛向他游来。“请你们弄死我吧！”这只可怜的动物说。他把头低低地垂到水上，只等待着死。但是他在这清澈的水上看到了什么呢？他看到了自己的倒影。但那不再是一只粗笨的、深灰色的、又丑又令人讨厌的鸭子，而却是——一只天鹅！

只要你曾经在一只天鹅蛋里待过，就算你是生在养鸭场里也没有什么关系。

对于他过去所受的不幸和苦恼，他现在感到非常高兴。他现在清楚地认识到幸福和美正在向他招手。——许多大天鹅在他周围游泳，用嘴来亲他。

花园里来了几个小孩子。他们向水上抛来许多面包片和麦粒。最小的那个孩子喊道：

“你们看那只新天鹅！”别的孩子也兴高采烈地叫起来，“是的，又来了一只新的天鹅！”于是他们拍着手，跳起舞来，向他们的爸爸和妈妈跑去。他们抛了更多的面包和糕饼到水里，同时大家都说：“这新来的一只最美！那么年轻，那么好看！”那些老天鹅不禁在他面前低下头来。

他感到非常难为情。他把头藏到翅膀里面去，不知道怎么办才好。他感到太幸福了，但他一点也不骄傲，因为一颗好的心是永远不会骄傲的。他想起他曾经怎样被人迫害和讥笑过，而他现在却听到大家说，他是美丽的鸟中最美丽的一只鸟儿。紫丁香在他面前把枝条垂到水里去。太阳照得很温暖，很愉快。他扇动翅膀，伸直细长的颈项，从内心里发出一个快乐的声音：“当我还是一只丑小鸭的时候，我做梦也没有想到会有这么多的幸福！”

第六句话：心中的神圣，是凄惨生活中的神灯。

第六回

神圣：凄惨生活中的神灯

山重水复疑无路，柳暗花明又一村。猛虎别在当道卧，困龙也有上天时。

【心灵呼唤】

雨还在下，乌云还在翻滚，安徒生终于很清醒了。

他拿笔来写了两句话：

第一句话是我一定要在哥本哈根扎下根；

第二句话是我要成为最伟大的歌手。

这个时候，雨突然停了，云彩不知飘到什么地方去了，从遥远的公园里传来了一阵阵清脆的鸟叫，安徒生知道这个鸟的名字叫夜莺。安徒生爬了起来，穿好衣服，梳了梳蓬乱的头，走出了大门，他虽然没有面包也没有牛肉，但是他有了一个好的心情。

【生命的转折点】

他突然想到哥本哈根有一个唱歌学校，那里边的教授叫西博尼。安徒生往前走着，看到了一望无际的山坡，终于在山坡的尽头看到了一个小小的红色小楼。一个女孩接待了他，她就是西博尼教授的助手。那个女孩胖胖的，圆脸上戴着一副眼镜，当她说话的时候，就会把白脸翻起来向天上看，但是她很同情这位年轻人。她说，好吧，我们一块去找教授吧。西博尼教授正在和朋友吃饭，他一边弹着钢琴一边问安徒生，你会唱荷尔堡的诗句序曲吗？安徒生点了点头，他放声唱了起来，他的眼前浮现的是什么？

浮现的是他小时候的哭声，浮现的是在教堂里别人对他的白眼，浮现的是哥本哈根给他的寒冷……

他一边唱一边流下了热泪。这次他并没有手舞足蹈，而且静静地唱着，一直到唱得泪水模糊了眼睛，一直唱到他不能唱下去为止。教授听完了说，不知道在整个丹麦还有多少像安徒生这样的艺术天才被埋没呢。安徒生笑了，笑得像窗外的太阳。他看到了曙光，然而他并不知道这曙光是什么。

1820 年的春天是美丽的。安徒生的命运发生了戏剧性的变化，西博尼教授不仅招收他为学员，而且给他提供了吃和住，这样他就可以不再去搭棚子，也不必到街上流浪了。此时，他 15 岁，觉得世界对他很公平。

【处女作《阿芙索尔》】

在教授的屋子里、书房里，他看到了一本《莎士比亚戏剧全集》，有厚厚的

20卷之多。这给他点燃了创造力火炬。他开始照着莎士比亚的戏剧构思他生平的处女作，这个处女作叫《阿芙索尔》。他一边写，一边梦想着这部戏会在皇家剧院上演。

真的很有意思，据说齐白石是给一个地主家去做结婚的床，看到地主家有一本彩色的画册，叫《芥子园画谱》，于是他和地主商量能不能把这本书借回去，可以用自己的工钱来担保，回去之后他竟把这本书都画了下来，这就成为他日后创作的典范。

《莎士比亚全集》点燃了安徒生创作的欲望，他每天晚上都在写，但是他不知道自己写的是什么。他有的时候哭，有的时候笑，有的时候模仿剧中的人物，所有的人都觉得他疯了，会在背后指指点点地说："看，看那个疯子又来了"，可是他觉得无所谓，他觉得梦想的实现离他越来越近。

【只要朗读起来就不会再记得饥饿了】

终于有一天，他找到了一个可以第一次听他朗读剧本的人。这个人是一个海军军官，叫彼得，因为彼得曾经把《莎士比亚全集》翻译成了丹麦文，在彼得的家里，一艘巨大的战船的模型放在桌子上，安徒生小心翼翼地说，我想让你听我念一点东西。

彼得说你是不是还没有吃早饭，要不要吃了早饭再读，安徒生说不用了，我只要朗读起来就不会再记得饥饿了。

安徒生一边哭一边朗读着自己写的东西，不知道过了多久，也许是一个小时，也许是两个小时。当终于念完自己的诗句的时候，他胆怯地抬起了眼睛问了一句，您觉得行吗？彼得并没有说话，他看着眼前这个瘦弱的孩子，觉得他身上有很多艺术家的气派。彼得说，你的诗里很多句子和莎士比亚的诗很相似。

安徒生觉得非常的幸福。彼得拉住这位少年的手说，莎士比亚曾经说过，伟大的作品是要经过时间考验的，记住这句话吧孩子。从此，莎士比亚的这句话就成了安徒生的座右铭。

【老师西博尼：第一盆冷水扑面而来】

从彼得那里回来，安徒生有一点点兴奋。他觉得自己的作品好像已经可以了。他想把这个作品再给自己的老师西博尼教授读读，但是西博尼教授却很不高兴，觉得安徒生现在是不务正业。他说，我给你出钱，让你住让你吃，你不好好练嗓子，为什么去写那种该死的剧本？第一盆凉水泼在了安徒生那赤热而脆弱的心灵上。

【出版社：第二盆冷水扑面而来】

当安徒生无精打采的时候，有一个人问他，你为什么不试着把你的剧本出版？安徒生吃了一惊，真的可以这样吗？于是，安徒生走进了哥本哈根的一家出版社，编辑看了《阿芙索尔》后，感觉到这是个不熟悉的作者写得一部无比平庸的作品。编辑冷冷地对安徒生说，您对市场没有影响，我们不能轻易出版这本书。这是安徒生的诗句第一次被出版社所拒绝。安徒生失望地走出出版社。这时候，另一位出版社老板说，对不起，我能不能看看你这个剧本？

几天以后，安徒生收到一封信，信里居然说，我们把你剧本的一部分发表在我们的杂志上。安徒生收到自己第一个剧本发表的杂志，就像捧着一轮新出生的太阳，他像一个盲人第一次见到太阳那样高兴，又像是一个妈妈见到了自己刚出生的婴儿。安徒生终于发表了自己的处女作。这年他 15 岁，是哥本哈根最贫穷的一个少年。这可能是他的人生第一次展现出了辉煌。

【安徒生的自白：小精灵的凄惨生活】

从前有三个人住在一起。一个名副其实的学生，他住在一间顶楼里，什么也没有；同时有一个名副其实的小商人，住在第一层楼上，拥有整幢房子。还有一个小鬼跟这个小商人住在一起。因为在这儿，在每个圣诞节的前夕，他总能得到一盘麦片粥吃，里面还有一大块黄油！这个小商人能够供给这点东西，所以小鬼就住在他的店里，而这件事是富有教育意义的。

有一天晚上，学生从后门走进来，给自己买点蜡烛和干奶酪。没有人为他跑腿，因此他才亲自来买。他买到了他所需要的东西，也付了钱。接着，他忽然站着不动，读起包干奶酪的那张纸上的字来了。这是从一本旧书上撕下的一页纸。这页纸本来是不应该撕掉的，因为这是一部很旧的诗集。

“这样的书多得是！”小商人说，“我用几粒咖啡豆从一个老太婆那儿换来的。你只要给我 3 个铜板，就可以把剩下的全部拿去。”

“谢谢，”学生说，“请你给我这本书，把干奶酪收回去吧，我只吃黄油面包就够了。

小鬼静悄悄地从一个后楼梯走上学生所住的那间顶楼。房里还点着蜡烛。

小鬼从门锁孔里朝里面偷看。他瞧见学生正在读从楼下拿去的那本破书。

奇迹发生了，那本书里冒出一根亮晶晶的光柱。它扩大成为一根树干，变成了一株大树。它长得非常高，而且它的枝丫还在学生的头上向四面伸展开来。每片叶子都很新鲜，每朵花儿都是一个美女的面孔：脸上的眼睛有的乌黑发亮，有的蓝得分外晶莹。每一个果子都是一颗明亮的星；此外，房里还有美妙的歌声和音乐。

嗨！这样华丽的景象是小鬼从没有想到过的，更谈不上看见过或听到过了。他踮着脚尖站在那儿，望了又望，直到房里的光灭掉为止。学生把灯吹熄，上床睡觉去了。但是小鬼仍旧站在那儿，因为音乐还没有停止，声音既柔和，又美丽；对于躺着休息的学生说来，它真算得是一支美妙的催眠曲。

“这真是美丽极了！”小鬼说，“这真是出乎我的想象之外！”

【我与安徒生：图书馆中的绿光】

30 年前，当我们要离开英国的时候，那个时候学生的心都浮躁了，每天晚上棒黑知青点 bang - hee house（艾克塞特大学学生宿舍）都会有各种各样离奇的庆祝活动。德国人冰激凌做得最好，所以他们擅长开冷餐会；英国人是摇滚乐，他们会每天晚上把知青点弄得像装上了大篷车一样躁动和狂热。而那时候每天晚上我都会在艾克塞特大学的图书馆里一本一本地复印着警察学的著作。那个时候整个图书馆空无一人，复印书会一直到半夜一两点钟，这时候会有英国警察在图书馆门口拿手电筒照着你，心里想，这个中国人在搞什么鬼？复印机会瞬间产生一束绿光，而这束绿光往往会使我无比的兴奋，这就是安徒生童话里小精灵在阁楼里看到的那束绿光，而那束绿光正代表着我儿时的梦想。那时候我真的就那么想，也许我就是安徒生童话中住在阁楼里的那个穷学生，寒冷、饥饿、孤独、无助，而这束绿光宣告我的梦就要实现了。回国我带了 70 公斤英美警察科学的原著，这 70 公斤书，或者严格地说不是书，就是一些复印的大本子，承载着从西方引进现代警察学光荣而神圣的使命。

【我的神圣】

朋友，在你童年的心里，什么是神圣？

朋友，在你孩子的心里，什么是神圣？

妈妈："文革"前的宇航员保健医师

我7岁的时候，每天背着一支父亲从前苏联买回来的双筒猎枪，混在一群高大威武的士兵中间。他们是我国第一批模拟训练的宇航员的前身。这大概是40多年以前的事情。当看到杨利伟还有太空行走的那些英雄出现在电视上的时候，我就会自豪地说，我母亲是中国培养的第一批宇航员的医生。

我母亲毕业于山东医学院，那里曾经是一所德国人的教会学校，毕业以后分到了八三六，成为一名宇航员的保健医。现在这一群宇航员大概都在70岁以上，就是他们在我小时候领着我玩，管我叫"打野鸭子的人"。然而就是他们，成为共和国航天事业最伟大的先驱。

多少年过去了，我还偶尔会遇到这些人，这段历史已经被现代人彻底地遗忘了，但是他们有的时候会找到我妈妈，让她给他们开一个证明材料，证明他们曾经为我们的航天事业作出的默默贡献。

爸爸：核试验中牵狗的人

小时候，我的同学很多都是将军之后，而我父亲只是一个普通的知识分子军官。

那时八三六被分为两个院，西院是家属区，东院是戒备森严的工作区。但是我们这些孩子有时候也能有机会进入工作区。我们会爬上工作区里的米格战斗机，然后在飞机上模仿驾驶着飞机横冲直撞。临走的时候还要从飞机上揪下一块铅皮或者是一小块电线，作为向其他小朋友炫耀的资本。

我父亲毕业于前苏联基洛夫军事学院。他曾经参与过无数次我们国家原子弹爆炸的试验，也就是在基地充当着牵狗人的角色。我们小时候隐隐约约地也知道父亲的工作和原子弹有关系，因为每次父亲出差的时候都要领回来皮大衣、皮帽子和翻毛皮鞋。只要父亲去基地出差，不久电视和新闻里就会传出我们国家又一次原子弹爆炸成功的喜讯。我父亲的书有整整两大书架，里面全是俄文关于原子弹爆炸的。小时候我身体很不好，就会躲在家里看书。那些俄文我看不懂，但是那一张张原子弹爆炸的照片给我留下深刻印象。我记得有这么一张照片，一个日本女人穿着一个花格格衬衣，当原子弹爆炸的瞬间，由于光辐射的作用，衬衣上那一道道格子印在了女人洁白的身体上。

蔡氏区

我们那个时代是一个需要巨人而又抚育巨人的时代。在神秘的八三六，你可以看到很多神秘的人，每天早上无论刮风下雨，你都会看到一个七八十岁的老头，他在风雨中缓慢地跑步，身后还会跟着一个年轻的警卫员。他就是八三六的蔡副院长。大家都羡慕他的身体，据说他从20岁开始就每天口服维生素C，难怪到了80岁还能跑步。他是中国生理学的奠基人。在人脑中，有一块特殊的地方被美国人叫做“蔡氏区”，这个地方就是蔡先生发现而用他的名字命名的。他是我心中的英雄。多少年以后，我还幻想着历史也能给我一个机会，让我在大脑里也发现一块“王氏区”的地方。也就是由于榜样的力量激励着我去念书、学外语，激励着我从西方引进警察科学。弗洛伊德说过，成人的行为都是在圆儿时的梦，这话一点都不假。

【心理学：英国的绅士教育】

圣诞节是西方人的“春节”，是英国人最风光、最排场的一刻。家庭主妇把积累了一年的钱都倒了出来。比尔，我们中心的主任邀请他的中国学生到家中住几天，共度佳节。

师娘让我在客厅就座，宽大的客厅里全部是古旧家具。沙发有的地方露出了棉花，整个客厅充满了怀旧的意味，像是倒退到了维多利亚时代。客厅正面有一幅大型照片，一位青年妇女身着19世纪的服装，美丽大方，向着每一位来宾微笑。令人吃惊的是，照片居然与师娘有几分相似。原来此照片摄于1840年，是师娘几代以上老祖母的遗像。据说此照片是照相机发明后的第一代作品，特别珍贵，是传家至宝。与师娘谈了几分钟，她老是把话题往电视上引，问我在学校有没有电视看。突然，我发现对面桌子上有一台彩色电视，约有12英寸（1英寸=2.54厘米）到14英寸的样子，乳白色外壳，样子有些过时。按键又大又粗，起码也是十几年以前的产品。因为原来知道他家没有电视，忙惊喜地问：“你家买电视了？”师娘狡猾地一笑，把白眼球往上一翻说：“租的！让孩子们过圣诞节快乐一下。”好嘛！真够节约的！这不由使我想起了北京，我的彩电是日本日立多制式21英寸的，立体声带遥控。老婆来信说已不时兴了。北京人家家老想换25英寸的。仅就电视这一件事，很多英国人比北京人差5到10年。英国人也爱看电视，用他们的话说，人活在世界上就三件事：“Eat, drink and watch telly.（吃香的，喝辣的，晚上看电视）”一台新款电视，大彩电也就500英镑，不及英国人一般工人月收入的一半（英国人平均月工资1000英镑），为什么比尔家就不买呢？

比尔对我的疑问作了一个回答，简明扼要：“不能让孩子们看电视，要让他们看书！”

诚然，比尔家是没有电视，但却有数不清的书。几乎每一间房子中都有巨大的书架，书架上堆满各色各样的图书。使这所老屋更像一所图书馆。比尔的两个女儿，从小就生活在这片书的海洋之中，把别的孩子看电视的时间，用来探索知识的宝藏。比较一下我的儿子，不仅每天有电视看，还有电子游戏机玩，光电子游戏机就有三台。可有一样，这样的孩子读书就少了，知识就贫乏了。试想，北京市有哪一家为了让孩子多读书而不买电视的呢？每想到这一点，我就对比尔肃然起敬。

等到晚上睡觉，可遭罪了。这所老房子中根本就没有暖气。室内外气温差不太多。吃晚饭时有煤火壁炉，烟熏火燎的，尚不觉得冷，等上床睡觉时就受不了。晚上，我独睡一房。被套床单都是新换的，雪白可爱，干净整齐。隔壁是比尔的两个女儿，大的 10 岁，小的才 6 岁。可能是冻习惯了，没有暖气也行。不过比尔全家人人上床时都抱着一个特大号的暖水袋。我们老家山东也没有暖气，冬天睡觉时房子中的水缸都结冰。不过家家都烧火炕，临睡前多加几把火，土炕烧得都烫屁股。为什么比尔家的取暖设备，还没有山东农村先进，还没有山东农村现代化呢？

很久以后我才知道答案，即在寒冷中睡觉是英国民族一种传统。英国是个岛国，自然资源也绝非十分丰富。长期以来，为了谋求对外发展，英国人逐步形成了一种崇尚艰苦奋斗、吃苦耐劳的性格特征。这种性格特征主要体现在两个方面：一是吃，二是住。英国的饮食业不发达，没有什么著名的大菜，吃饱肚子即可；住房不讲究御寒，以不怕寒冷为荣。据说在伦敦有些老人，为了使子女继承不怕寒冷的美德，“防修反修”，在冬天要打破子女卧室中的一块玻璃。这种“忆苦思甜”的措施，在英国到处可见。这种“生于忧患，死于安乐”的民族意识，使我上了一堂生动的“阶级教育课”。

这就是我在异国他乡导师家中过的圣诞节。一个普普通通的，没有电视，没有暖气的英国人之家。在这里我深深感受到一个古老民族的血脉中所流淌的两件东西：读书与吃苦。这一夜，宁静的圣诞之夜将永远留在我的记忆中。

感谢你，比尔！您使我亲身体会了英国人民的伟大。

【教子课堂：一句话改变人生】

心中的神圣，是凄惨生活中的神灯。

1. 让孩子从小确立自己心中的神圣。

2. 父母的言传身教是心中神圣的起点。

3. 环境是神圣的土壤。

4. 心中的神圣是崇高的精神追求，如热爱祖国、热爱某一艺术，决不是吃穿的物质享受。

5. 人越贫穷、越挫折、越悲痛，那么心中的神圣就越高尚。

【三军可夺其帅，匹夫不可夺其志】

古人教子如琢磨玉器。“琢磨”叫“如切、如磋、如琢、如磨”。教育孩子就跟雕刻似的，你得要下工夫，一点一点地去琢磨他，一点一点地去雕刻他。

孔子给我们留下这么一句话：“三军可夺其帅，匹夫不可夺其志”。

三军的帅旗，那么大的帅旗能倒，我就是一个普普通通的人，我达不到目的，但我的志气不能丢。男孩子摔倒100回，要让他爬起101回，永不言弃。这是我们教育孩子的准则。现在独生子女多，逆境少，顺境多。逆境是君子成大业的荆棘之路，猛虎别在当道卧，困龙也有上天时。后发制人，卷土重来，成就了多少伟人和霸业。

哥本哈根的这些生活是安徒生人生一段可歌可泣的写照，这可以在他的小说《小鬼和商人》之中得到最准确的记述，一个年轻人可以没有面包，可以没有温暖的火炉，但是他一定要有书读，一定要有思想的火焰，如果他有了思想的火焰，不仅能够感动上帝，不仅能够感动整个社会，也能够感动环绕在他周围的眼睛看不到的那些贫穷的小精灵。

安徒生的梦是歌手，却突然改变了主意，去做一件上层社会不齿的荒唐事。他要干什么呢？为什么呢？请看下回分解。

【延伸阅读】

小鬼和小商人

从前有一个名副其实的学生：他住在一间顶楼里，什么也没有；同时有一个名副其实的小商人，住在第一层楼上，拥有整幢房子。一个小鬼就跟这个小商人住在一起，因为在这儿，在每个圣诞节的前夕，他总能得到一盘麦片粥吃，里面还有一大块黄油！这个小商人能够供给这点东西，所以小鬼就住在他的店里，而这件事是富有教育意义的。

有一天晚上，学生从后门走进来，给自己买点蜡烛和干奶酪。没有人为他跑腿，因此他才亲自来买。他买到了他所需要的东西，也付了钱。小商人和他的太太对他点点头，表示祝他晚安。这位太太能做的事情并不止点头这一项——她还有会讲话的天才！

学生也点了点头。接着他忽然站着不动，读起包干奶酪的那张纸上的字来了。这是从一本旧书上撕下的一页纸。这页纸本来是不应该撕掉的，因为这是一部很旧的诗集。

“这样的书多得是！”小商人说，“我用几粒咖啡豆从一个老太婆那儿换来的。你只要给我三个铜板，就可以把剩下的全部拿去。”

“谢谢，”学生说，“请你给我这本书，把干奶酪收回去吧；我只吃黄油面包就够了。把一整本书撕得乱七八糟，真是一桩罪过。你是一个能干的人，一个讲究实际的人，不过就诗说来，你不会比那个盆子懂得更多。”

这句话说得很没有礼貌，特别是用那个盆子作比喻；但是小商人大笑起来，学生也大笑起来，因为这句话不过是开开玩笑罢了。但是那个小鬼却生了气：居然有人敢对一个卖最好的黄油的商人兼房东说出这样的话来。

黑夜到来了，店铺关上了门；除了学生以外，所有的人都上床去睡了。这时小鬼就走进来，拿起小商人的太太的舌头，因为她在睡觉的时候并不需要它。只要他把这舌头放在屋子里的任何物件上，这物件就能发出声音，讲起话来，而且还可以像太太一样，表示出它的思想和感情。不过一次只能有一件东西利用这舌头，而这倒也是一桩幸事，否则它们就要彼此打断话头了。

小鬼把舌头放在那个装报纸的盆里。“有人说你不懂得诗是什么东西，”他问，“这话是真的吗？”

“我当然懂得，”盆子说，“诗是一种印在报纸上补白的东西，可以随便剪掉不要。我相信，我身体里的诗要比那个学生多得多；但是对小商人说来，我不过是一个没有价值的盆子罢了。”

于是小鬼再把舌头放在一个咖啡磨上。哎唷！咖啡磨简直成了一个话匣子了！于是他又把舌头放在一个黄油桶上，然后又放到钱匣子上——它们的意见都跟盆子的意见一样，而多数人的意见是必须尊重的。

“好吧，我要把这意见告诉那个学生！”

于是小鬼就静悄悄地从一个后楼梯走上学生所住的那间顶楼。房里还点着蜡烛。小鬼从门锁孔里朝里面偷看。他瞧见学生正在读他从楼下拿去的那本破书。

但是这房间里是多么亮啊！那本书里冒出一根亮晶晶的光柱。它扩大成为一根树干，变成了一株大树。它长得非常高，而且它的枝丫还在学生的头上向四面伸展开来。每片叶子都很新鲜，每朵花儿都是一个美女的面孔：脸上的眼睛有的乌黑发亮，有的蓝得分外晶莹。每一个果子都是一颗明亮的星；此外，房里还有美妙的歌声和音乐。

嗨！这样华丽的景象是小鬼从没有想到过的，更谈不上看见过或听到过了。他踮着脚尖站在那儿，望了又望，直到房里的光灭掉为止。学生把灯吹熄，上床睡觉去了。但是小鬼仍旧站在那儿，因为音乐还没有停止，声音既柔和，又美丽；对于躺着休息的学生说来，它真算得是一支美妙的催眠曲。

“这真是美丽极了！”小鬼说，“这真是出乎我的想象之外！

我倒很想跟这学生住在一起哩。”

接着他很有理智地考虑了一下，叹了一口气：“这学生可没有粥给我吃!”所以他仍然走下楼来，回到那个小商人家里去了。他回来得正是时候，因为那个盆子几乎把太太的舌头用烂了：它已经把身子这一面所装的东西全都讲完了，现在它正打算翻转身来把另一面再讲一通。正在这时候，小鬼来到了，把这舌头拿走，还给了太太。不过从这时候起，整个的店——从钱匣一直到木柴——都随声附和盆子了。它们尊敬它，五体投地地佩服它，弄得后来店老板晚间在报纸上读到艺术和戏剧批评文章时，它们都相信这是盆子的意见。

但是小鬼再也没有办法安安静静地坐着，听它们卖弄智慧和学问了。不成，只要顶楼上一有灯光射出来，他就觉得这些光线好像就是锚索，硬要把他拉上去。他不得不爬上去，把眼睛贴着那个小钥匙孔朝里面望。他胸中起了一种豪迈的感觉，就像我们站在波涛汹涌的、正受暴风雨袭击的大海旁边一样。他不禁凄然泪下！他自己也不知道他为什么要流眼泪，不过他在流泪的时候却有一种幸福之感：跟学生一起坐在那株树下该是多么幸福啊！然而这是做不到的事情——他能在小孔里看一下也就很满足了。

他站在寒冷的楼梯上；秋风从阁楼的圆窗吹进来。天气变得非常冷了。不过，只有当顶楼上的灯灭了和音乐停止了的时候，这个小矮子才开始感觉到冷。嗨！这时他就颤抖起来，爬下楼梯，回到他那个温暖的角落里去了。那儿很舒服和安适！

圣诞节的粥和一大块黄油来了——的确，这时他体会到小商人是他的主人。

不过半夜的时候，小鬼被窗扉上一阵可怕的敲击声惊醒了。外面有人在大喊大叫。守夜人在吹号角，因为发生了火灾——整条街上都是一片火焰。火是在自己家里烧起来的呢，还是在隔壁房里烧起来的呢？究竟是在什么地方烧起来的呢？

大家都陷入恐怖中。

小商人的太太给弄糊涂了，连忙扯下耳朵上的金耳环，塞进衣袋，以为这样总算救出了一点东西。小商人则忙着去找他的股票，女佣人跑去找她的黑绸披风——因为她没有钱再买这样一件衣服。每个人都想救出自己最好的东西。小鬼当然也是这样。他几步就跑到楼上，一直跑进学生的房里。学生正泰然自若地站在一个开着的窗子面前，眺望着对面那幢房子里的火焰。小鬼把放在桌上的那本奇书抢过来，塞进自己的小红帽里，同时用双手捧着帽子。现在这一家的最好的宝物总算救出来了！所以他就赶快逃跑，一直跑到屋顶上，跑到烟囱上去。他坐在那儿，对面那幢房子的火光照着他——他双手抱着那顶藏有宝贝的帽子。现在他知道他心里的真正感情，知道他的心真正向着谁了。不过等到火被救熄以后，等到他的头脑冷静下来以后——嗨……“我得把我分给两个人，”他说，“为了那碗粥，我不能舍弃那个小商人!”

这话说得很近人情！我们大家也到小商人那儿去——为了我们的粥。

第七句话：不要恐惧，宁静地脚踏实地地去实现你的梦想。

第七回
爱心：放弃歌手而改写童话的N种猜测

爱心是成才最伟大的保证，现在最时髦的词是郁闷，最流行的心态是恐惧，其实只要按着你的梦想一步一步地去做，你一定会得到你所想要的一切，别着急，一切都会好的。

【第一种猜想，瑞典歌后林德失恋的纪念】

关关雎鸠，在河之洲。窈窕淑女，君子好逑。
参差荇菜，左右流之。窈窕淑女，寤寐求之。
求之不得，寤寐思服。悠哉悠哉！辗转反侧。
——《诗经·周南·关雎》

安徒生一生没有结过婚，而且在爱情上总是碰钉子。有一次偶然的机会，在哥本哈根，安徒生遇到了瑞典的女歌唱家林德，她被人们叫做瑞典的夜莺。

安徒生和林德一见钟情。安徒生为林德的美丽的歌声所陶醉，被她高贵的气质所征服。当天晚上安徒生一夜没有睡觉，他终于写了一封自己心灵的情书，送给了林德。

林德和安徒生约会了，但是在约会中他们的谈话却都不尽如人意。后来，林德每次到哥本哈根演出都获得巨大的成功，但是她却没有再和安徒生保持联系。

这次安徒生真的动了情，但是希望越大，失望就越大。安徒生在自己的心里把林德无限地美化，把她身上的优点无限地放大，把林德幻想成一位中国的公主。

他说，在奥登塞河底下有一片绿色的柳树林，如果我们沿着那片柳树林走，地球的那一端就将是终点。如果一个人不停地往前走，他会遇到一片茂盛的森林。森林里有很高很高的树，还有蓝色的湖泊。森林里住着一只美丽的夜莺，它唱着歌，非常的动听。每当它唱歌的时候，正在撒网打鱼的穷苦渔夫，都会停下来欣赏它的歌。而这只美丽的夜莺就是安徒生心里的林德。

安徒生写道，世界各国的旅行家都来欣赏这座皇城，他们被美丽的皇城所征服，但是当他们听到夜莺的歌唱时都会说这才是美丽的东西。

很多人猜想，正是失恋，使得安徒生把林德神圣化，也是安徒生决定走上童话之路的转折点和里程碑。因为只有一个人遭受到最大的痛苦的时候，他才可能写出最美丽的童话。

【第二种猜想，圣诞节的情结】

1. “圣诞老人的专座”

注意，北欧是圣诞老人的故乡。如果你坐飞机去赫尔辛基的话，那么这个

飞机一定会留着一个专门的座位，上面写着“圣诞老人的专座”。

2. 普天下的孩子没有贫富之分

安徒生喜欢圣诞节并不因为它是一个宗教的节日，而是他认为在这一天普天下的孩子没有贫富之分，没有贵贱之分，不论他们是国王的儿子还是农夫的儿子，上帝都会把欢乐带给每一个孩子。

3. 安徒生写的一本最新的童话

在上大学繁忙的学习过程中，安徒生也没有忘记和孩子们共度圣诞节。又一个圣诞节到来了。风雪中，远处传来一阵阵铃声，在雪地里，大家看到了身穿盛装的圣诞老人坐着雪橇向他们驶来。圣诞老人的雪橇停下，在风雪中，把圣诞礼物分发给每一个孩子。孩子们有的得到了糖果，有的得到了玩具。

这个时候，一个小女孩突然哭了起来，原来她没有得到礼物。圣诞老人从雪橇上下来拿了一个最精致的盒子送给小女孩。小女孩打开盒子一看，原来是安徒生写的一本最新的童话。这个圣诞老人向孩子们微微地一笑，他是谁呢？原来他就是安徒生。他在圣诞节之前把自己的童话分发给孩子们。

安徒生从30岁起就立下雄心壮志，每年要给孩子们出一本童话书，这个诺言一直坚守到死。

【第三种猜想，锡兵的情结】

有一次，安徒生在德国拜访他的老朋友末森。安徒生坐在沙发上，迎着火炉给末森的孩子们朗读童话。其中他朗读的《坚定的锡兵》是末森的小儿子埃立克最喜欢的童话。

故事讲完了，安徒生起身告别。这个时候，埃立克跑到安徒生的前面低声地说：安徒生，不知道什么时候还能见到你。说到这儿，他就抱住安徒生哇的一声大哭起来。这时埃立克拿出了他最喜欢的玩具——一个锡兵。这个锡兵是穿着土耳其军装的士兵。他对安徒生说，我有两个锡兵，一个留给我自己，另一个送给你，希望你在以后的旅途中不会寂寞。

安徒生非常感动。他说，我这辈子会好好地保护这个锡兵。果然，安徒生不论走到哪里，都会带着这个锡兵。在马车上，他不会去看风景，而是看着这个小小的锡兵，然后再编写出最新的童话。有人猜想，是这个锡兵给了安徒生灵感，使他一生从事了写作童话的事业。

【第四种猜想，为纪念一个盲人小乞丐】

有一次，安徒生和朋友们一块去参加一个贵族的会议。这对很多人来说都是非常荣幸的事情，因为你要记住，那个时候安徒生并没有钱，非常的贫穷。离开会还有20分钟，他们走到一个房子前看到里面有一群孩子，当孩子们看到安徒生的时候都高喊着：“安徒生国王，安徒生国王!”

安徒生朝孩子们微微地招了招手，孩子们马上围在安徒生身边说，给我们讲一个故事吧，安徒生。安徒生给孩子讲了故事。20分钟很快就过去了，贵族的会议马上就要开始了。当朋友提醒他时，他说，我不想参加什么贵族会议，我倒想在这里好好地给孩子们讲故事。

那天晚上，安徒生给孩子们讲了一个又一个故事。因为看到那些孩子大部分都是乞丐，当安徒生给他们讲大克劳斯和小克劳斯的故事时，一个衣衫破旧的盲人孩子突然哭了起来，原来他被故事深深地吸引。有两个孩子走了，因为他们要去要饭吃。如果他们不要饭吃，今天晚上他们就会饿肚子，但是大部分孩子们都没有走。他们忘记了去乞讨。这样他们的晚上就不会有饭吃。

讲完故事，安徒生把口袋里所有的钱都分发给这些小乞丐，并和每一个孩子握手道别。其实孩子们并不知道，安徒生把口袋里所有的钱都给了他们，而那一天晚上，安徒生是饿着肚子走回自己的小旅馆。后来安徒生说，这个晚上是他最幸福的晚上。安徒生从30岁起下决心为孩子们写作，这句诺言一直坚守了40年。

【北欧人更像明代的汉人】

一天晚上9点半我下课了。一个电话打过来说：“王老师，我要来看看你。”我说：“你是谁呀?”一位芬兰的老人，领着他闺女来看我，说实话，我根本记不清这位老人是谁了。他说：“9年前，我来公安大学，见过你一面，我这次到北京就是来找你。这9年也没有书信往来，想来问问你好不好。”心里感动，也很温暖。9年前一位老人，因为聊了几句话，如今人家带着闺女到公安大学专门来看我一趟。我们聊天的时候聊过一个人。我在芬兰的时候，研究所所长叫马蒂鸠森，对我非常好。我到芬兰念书，国家给钱，但是给的钱不多。这位老人就想帮我，但是又怕我脸上挂不住，所以，看我的生活不是特别好，他就认真地跟我说：“大伟，你能帮我个忙吗?”我说：“可以，干什么?”他说：“你帮我翻译一本书。”我说：“好。”他就把那本书拿出来了。他说：“咱俩签个合同，你帮我把这本书翻译了，我给你点钱。”我说：“行。”我就帮他把这本书翻译了，等翻译完了把这本书给他。这书稿是中文的。芬兰人又看不懂中文。他就把翻译好的书钉好了，放到图书馆的架子里去了。给了我一点翻译费。他让你翻译书是为了什么呢？你翻译一本中文书，搁到他书架上，有谁看呢？人家就是一片爱心，为才子佳人忧命运。这些北欧人，跟我们国家的林和靖、陶渊明是不是很相像？

北欧人更像明代的汉人，所谓君子：

不多说话，

永远记着朋友，

不忘美好的记忆。

帮助人，却保全你的脸面。

有一个你连名字都没记住的芬兰人，带着他的女儿来看你，为了9年前的一段记忆，其实真的很感动啊。

其实，人们对安徒生成为童话作家有不同的猜测，真正的答案只有一个，那就是他深深地爱着那些贫穷和肮脏的孩子。他把他的一颗爱心永远地献给了普天下的孩子们。

【心理学：爱心的伟大力量】

有这样一个故事叫“生命中的奇迹”。一个25岁的女孩子，她妈妈看她脸黄，就说：“你到医院去看看吧，又黄又瘦。”到医院里一看是严重的肝衰竭。必须要移植别人的肝脏，才能治好，而且这个女孩子的血型，还跟一般人不一样，很难找到匹配的肝。最后终于找到了，那时候肝移植的成功率并不高，是个大手术。结果把肝换好了，医生说：“手术很成功。”可是就在这个时候，又出现了一个新问题，就是检查肝脏的时候，发现女孩儿怀孕了。

肝脏的病最怕大出血。生孩子必定要大出血。这个母亲要么要自己，要么要孩子，不可能两全。所有的人都说：“你是换肝的女人，你不可能把孩子留下。”但是她有伟大的母爱，她说：“我一定要把这孩子留下。”谁有这个胆子？换肝的女人居然要生孩子。再做检查，医生说：“胎动也不好，心跳也不好。”“算了吧，不要了吧？”孕妇说：“不行，我一定要孩子，我要做一个母亲。这孩子一定要保住。”结果冒着危险，把孩子生出来了。她自己的身体，本是换肝的人，一年之内就跟蜡头一样，风一吹就要灭。结果孩子生下来了7天，妈妈没见过孩子。这孩子7天不吃，没有自主呼吸，一点点儿大，马上就要死了，放在暖房里。这7天，别人一直哄这个女孩，说："你这个孩子，没事儿，挺好。"

到了第7天，她稍微好一点了。她说："能不能让我看看孩子？"大家都说："不行。"她说："我一定要看。"结果别人就领着她去看孩子，那孩子就那么一点点大，全身都是皱纹，也不会哭，也不会叫，奄奄一息。一天喝一两毫升的奶。母亲看着看着，眼泪就掉下来了。说："我怎么生了这么个孩子？我怎么命这么不好啊？"事后才知道，如果不是母亲来看这孩子，当天孩子就要死了。母亲看到孩子，情不自禁地摸了一下这个孩子。这一摸还真的摸出奇迹来了。摸一下，孩子动了。又一摸，眼睛挣开了。再一摸，要奶吃了。70多毫升奶给他喝下去了。两天以后，这孩子和健康的孩子一样了，跟母亲一起出院了。母亲多么的伟大！

【教子课堂】

《幽梦影》中有这么几句话：

"为月忧云，为书忧蠹，为花忧风雨，为才子佳人忧命薄，真是菩萨心肠"。这句话是说月亮出来的时候，我们担心云遮住了它，为月忧云。古人对书很是爱惜，最担心书被虫子咬了。美艳的鲜花开出来以后，一刮风一下雨，古人便会担忧这些花是否被风雨摧残了，还有就是为才子佳人忧命薄。有一个形容女孩子的词——红颜薄命。中国人很不张扬，心里是为别人着想，多多少少有点忧愁，这不是最美的气质吗？

1. 教孩子背几首有关月、云、花的古诗。

2. 教孩子知道几个著名的安徒生童话。

3. 教孩子热爱小动物。

4. 测定儿子的性格。

如果他精力充沛，情绪发生快而强，言语动作急速难于自制，内心外露，率直、热情、易怒、急躁、果断，让他去做军人。

如果他活泼爱动，富于生气，情绪发生快而多变，表情丰富，思维言语动作敏捷，乐观、亲切、浮躁、轻率，让他去做个外交官。

如果他沉着冷静，情绪发生慢而弱，思维言语动作迟缓，内心少外露，坚忍、执拗、淡漠，让他去做法官。

如果他柔弱易倦，情绪发生慢而强，易感而富于自我体验，言语动作细小无力，胆小忸怩，孤僻，让他去做个诗人吧。

【教育孩子的两个秘诀】

教育孩子，首先，让他背几首好诗。如有关月亮的："海上升明月，天涯共此时"；有关花的："夜来风雨声，花落知多少。"培养孩子有一个菩萨心肠。

其次，给孩子讲讲安徒生童话，屈原的愁，李清照的愁。古代有很多这种美丽的故事。比如说"寻寻觅觅，冷冷清清，凄凄惨惨戚戚。乍暖还寒时候……梧桐更兼细雨，到黄昏，点点滴滴。这次第，怎一个愁字了得?"啊，这又是一种愁。这些淡淡的忧愁可以培养孩子的爱心，让孩子热爱小动物，热爱一朵花。

安徒生选择了生命的新目标：写童话。没想到这个高尚的目标又一次无情地伤害了他的心灵，这又是为什么呢？下回分解。

第八句话：讽刺的本质是一种羡慕。

第八回

嘲讽：为什么安徒生总是被泼脏水

心是最坚强的，当我们被打倒100次就要站立起101次，而站立起101次的人就一定是英雄，我告诉你一个秘密，人们如果开始谩骂你，或者讥讽你，那就是一种变相的承认你比他强大。

安徒生的悲剧在于他不仅长得丑，永远生活在贫穷之中，而且他总是遭受别人的批评和嘲讽，以致安徒生每见到一个人的时候总会情不自禁地问一句，对不起，今天我又做错了什么?

【咳嗽断送了歌手】

哥本哈根的冬天非常寒冷。安徒生从家乡带来的那几件破衣服已经变得非常小了，两只裤腿高高地吊了起来，那双鞋已经烂得不能再穿了。那个时候，安徒生每个月只有10块钱生活费，这10块钱大都用来买书和本了，而只有很少的钱是用来买吃的。

那年冬天，安徒生得了严重的感冒，而且这个感冒总是不好。他咳嗽了一冬天，而这咳嗽可是坏了事，西博尼教授把他找到办公室说，你的嗓子咳坏了不能再唱歌了，你可以留在哥本哈根找到什么手艺活去干一干，你也可以回你的老家奥登塞。

安徒生的演艺生涯至此结束。摆在安徒生面前的有两条路：一条是回自己的老家奥登塞子承父业做个鞋匠，或者是裁缝，还有一条路就是继续漂泊在哥本哈根。今后前途在哪里？路在哪里？安徒生根本不知道。好在安徒生在做了木匠和园丁之后，他找到了一条写剧本的路。

【成功之时，即遭嘲讽之日】

1840年2月3日，他的剧本《穆拉托》在哥本哈根剧场进行了首演，剧场里座无虚席。贵宾席上坐满了名流和达官贵人，国王和王后也出现在剧场。这时，安徒生已经不是穿破衣服和破袜子的安徒生了。他穿着一身非常美丽的燕尾服，坐的地方是贵宾席。安徒生感觉自己已经变成了有白色羽毛的高贵的天鹅。由于自己的成就，他获得了一笔数目很大的奖学金，而且还有几本书出版，所以他觉得已经彻底地告别了贫穷和饥饿。

就在他感到飘飘然的时候，一位报社的朋友告诉他，我们收到了很多来信，其中也一部分是匿名信。他们在向我们举报:《穆拉托》是抄袭别人的，人们在骂你是一个可恨的骗子，你欺骗了大家的感情。

不久，安徒生又收到了一封邀请信，邀请他去参加一个社会名流的活动。安徒生非常激动，因为进皇宫去参加舞会对他来说根本就是不可能的。安徒生穿了自己最美丽的衣服，大摇大摆地进入了皇宫，但是一位高贵的官员走到他的面前上下打量了一下他的衣服说，亲爱的安徒生先生，像你这样一个鞋匠的儿子居然在皇宫里参加舞会，这不是让我们大家都很难堪的事吗？安徒生受到了极大的侮辱，他大声地对那个官员说，是的，我爸爸是个鞋匠，可是他是一个正直的手艺人。我今天所获得的一切都是我用笔一个字一个字地写出来的，我并没有继承什么高贵的血统。安徒生觉得自己根本就不属于这个所谓的上流社会。

奇怪的是，在他没有成名之前，他遭到的是白眼，而他在成名之后遭到的是更多的白眼。

【旅游躲避那些泼来的脏水】

从此以后，几乎每天，安徒生都会受到别人的指责和骂名，以致他不得不离开哥本哈根到外地去躲避一阵。说是出去旅游，实际上是为了躲避那些泼来的脏水。

【儿童天真幻想症】

在那个年代，童话是下九流，而诗歌才是高贵的。人们不能够理解，为什么安徒生放弃了去写高雅的诗，而去写一些给孩子的童话。有的人开始怀疑安徒生根本就不会写诗，不过是用那些低下的童话来冒充诗。有的人更想出了一个奇妙的词，叫儿童天真幻想症。他们说安徒生得了一种病，他永远也长不大，他的脑子只能用儿童的思维去想问题。这在常人看来是非常可笑的。安徒生之所以写童话是因为他是个疯子的儿子，上流社会的人是从来不读童话的。安徒生真的很难过。他不知道是否真的自己做错了，于是在他的脑海中出现了那只丑小鸭，正躲在离鸭群很远的地方，因为它知道每一只碰上他的鸭子都会无情地去啄它的羽毛，一只蠢笨的母鸡走了过来，看到他的丑样子便开始刻薄地训斥。任何一只鸭都会嘲笑他的那副丑恶的嘴脸。

四只小黄鸭围着那只又白又大的丑小鸭叫道，“他和我们长得不一样，他真丑！”然后他们和鸭妈妈一起去了河塘，丢下丑小鸭一个人。可怜的丑小鸭不明白为什么谁都不喜欢他。他逃到森林深处去躲藏。

不久，他发现一窝小鸟在唱歌。他跳进暖暖的鸟窝想加入他们。“honk，honk，honk。”“你唱错了，”小鸟说，“你妈妈应该给你上唱歌课。”“我妈妈不喜欢我。”丑小鸭说。这时，鸟妈妈出现了。“走开，你这丑鬼！”她喊道。

丑小鸭尽他所能飞快跑回了河塘，爬上一段漂浮的木头。“没错，每个人都不喜欢我，就因为我丑。”他感到很难过，开始哭泣。

突然，他听到“honk，honk，honk”的叫声。“那是什么?”他感到奇怪。在水中有四只白白的毛茸茸的小家伙，他们看起来很像丑小鸭。“来吧，和我们一起玩，”他们说，“在这么好的天气里哭泣真是太可惜了！”丑小鸭擦去泪水和他们一起快乐地玩起来。

一只美丽的天鹅游过来，她用白白的翅膀抚摸着丑小鸭，解释道：“你根本不是一只丑小鸭，你是一只小天鹅。终有一天，你会成为河塘的主人！”

【心理学：嫉妒是一种丑恶的心理】

嫉妒就是我们常说的红眼病、吃醋，吃不到葡萄说葡萄酸。嫉妒就内心感受来讲，依次表现为前期由攀比到失望的压力感；中期则表现为由羞愧到屈辱的心理挫折感；后期则表现由不服不满到怨恨憎恨的发泄行为。

嫉妒有几种表现形式：

首先，凡是嫉妒你的人一定是没有你做得好的人，因为你做得比他好他才会感到嫉妒。欧洲人有一句话：“人们不会去踢一只死狗。”讲的就是这个道理。

其次，凡是嫉妒你的人一定是内心极其自卑的人。他们感到很恐惧，所以不得不摔盆砸碗，造点动静借以吓唬你而安慰自己。对待别人的嫉妒，我们怎么处理呢？其实这跟对待表扬是一样的，要知道，嫉妒就是一种表扬，当那些高贵的人跺着脚拼命地嘲笑和谩骂你的时候，你什么都不要说，你只需要对他们微微一笑，然后低下头继续从事你伟大的事业。

最后，嫉妒心理。有人时时刻刻关注着周围人的动向，并且总摆出一副与人一争高下的姿态，一旦发现自己的同事、同学、朋友，甚至亲人，在某些方面将要或已经超过了自己，心理上就感到不平衡，进而妒火中烧。但是，他们通常不会积极采取行动，靠自己的力量超越别人，而是冲“假想敌”横挑鼻子竖挑眼，唯恐别人的成功盖过自己的风头。

【卖火柴的小女孩：心灵里最真实的写照】

安徒生经常偷偷地流泪，他没有爱情、没有家庭、没有娱乐。他只有一点点闪光的东西：写作。可又一次次地遭受到无情的指责与嘲讽。他真的是处于最绝望的时刻。

严冬，安徒生独自在异国他乡的小客店，一边流泪，一边写着他心灵的童话。

生在棺材上的孩子，一定是灰色的，充满泪水的，充满恐惧的，充满伤感的，充满寒冷的内心世界。不知道大家去过北欧没有。我曾经在北欧上过多年的学，北欧的冬天漫长而寒冷。那个时候我在赫尔辛基念书，隔着波罗的海能够看到安徒生的家乡。早晨太阳升起来，一小会儿就落下去，好像永远升不到头顶。这个时候在黑暗的冬天里，安徒生只有一个坚定的锡兵和一盒火柴，所以我们才可以看到《卖火柴的小女孩》这篇童话。别以为安徒生的童话是故事，如果你要这么以为就错了，实际上那是他的自传，或者是他内心的孤独。

【孤独的人最怕过年】

这是一年的最后一天——除夕，正在下雪，天气冷得可怕。

一个卖火柴的小女孩在街上走着。她的衣服又旧又破，脚上穿着一双妈妈的大拖鞋。她的口袋里装着许多盒火柴，一路上不住口地叫着："卖火柴呀，卖火柴呀！"人们都在买节日的食品和礼物，有谁会理她呢？

中午了，她一根火柴也没卖掉，谁也没有给她一个铜板。

她走着走着，在一幢楼房的窗前停下了，室内的情景吸引了她。哟，屋里的圣诞树多美呀，那两个孩子手里的糖果纸真漂亮。

【孤独的人最想念亲人】

看着人家幸福的情景，小女孩想到了生病的妈妈和死去的奶奶，伤心地哭了。哭有什么用呢？小女孩擦干眼泪，继续向前走去。

"卖火柴呀，卖火柴呀！叔叔，阿姨，买一些火柴吧！"

可是，人们买完节日礼物，都匆匆地回家去，谁也没有听到她的叫卖声。雪花落在她金黄色的长头发上，看上去是那么美丽，可谁也没有注意到她。

天渐渐黑了，街上的行人越来越少，最后只剩下小女孩一个人了。街边的房子里都亮起了灯光，窗子里还传出了笑声。食品铺里飘出了烤鹅的香味，小女孩饿得肚子咕咕直叫。小女孩好想回家，可是没卖掉一根火柴，她拿什么钱去给妈妈买药呢？

【孤独的人最爱幻想】

她又擦了一根，哧！火苗窜了出来，发出亮亮的光。墙被照亮了，变得透明了，她仿佛看见了房间里的东西。桌上铺着雪白的台布，上面放满了各种各样好吃的东西。一只烧鹅突然从盘子里跳出来。

小女孩舍不得擦火柴了，可她冻得浑身直抖。她又擦了一根，哧！一朵光明的火焰花开了出来。啊！多么美丽的圣诞树呀！

小姑娘又擦了一根火柴，她看到一片烛光升了起来，变成了一颗颗明亮的星星。小女孩又擦亮一根火柴，火光把四周照得通亮，奶奶在火光中出现了。奶奶朝她微笑着，那么温柔，那么慈祥。“奶奶……”小女孩激动得热泪盈眶，扑进了奶奶的怀抱。“奶奶，请把我带走吧，我知道，火柴一熄灭，你就会不见了！”

火柴熄灭了，四周一片漆黑，小姑娘幸福地闭上了眼睛。

这时，人们看到了一个小女孩冻死在墙角，她脸上放着光彩，嘴边露着微笑。在她周围撒满一地的火柴梗，小手中还捏着一根火柴。

这不是小汉斯内心最真实的写照吗？

《卖火柴的小女孩》就是幼小安徒生心灵里最真实的写照，每当我们读到这篇童话的时候，都会流下同情的泪水，实际当人们流泪的时候不仅仅在为安徒生流泪，也在为自己的伤感而流泪。

【我又做错了什么】

每天回家，见到老婆，总要问：“对不起，今天我又做错了什么？”

1. 我18岁当警察，有人说，这个人的英语太差。我努力考“雅思”，考了7分。10年攻英语，在英国、芬兰留学，译了5本英语专著。“英语是个无底的杯子，承受了大伟多少辛酸的泪水？”这时有人说，真丢人，这个人不懂公安。

2. 我在公安部干了6年。2000年又在基层派出所干了1年普通民警，与保安睡15人的大通铺，写了《中西警务改革比较——济南派出所改革模式》，上干过公安部，下干过派出所。从警30年。这时有人说，真丢人，这个人不懂外警。

3. 我留学了日本、英国、芬兰，成为中国的外国警察科学的引进者之一，写了外警研究专著《英美警察科学》等七八本专著，被台湾警察学者称为“令我们汗颜的著作”。创译了60个中文警察学词语。这时有人说，真丢人，这个人知识陈旧。

4. 我用了10年时间，引进了“新三论”中的外警原理，如“情报导向警务”、“危机警务”、“反恐导向警务”的最新进展。写了《欧美警察科学原理》，107万字。这时有人说，真丢人，这个人只会借翻译骗人。

5. 于是，我绞尽脑汁研究犯罪预防，结合博士论文，创造了“童谣自护法”。与贼王交友，和家长谈心。帮的哥设计骗坏人。编了百余首平安儿歌，教孩子们远离侵害。这时有人说，真丢人，这个人不务正业。

在不断的指责声中，终于，我成了今天的我。也许我绝不是唯一的一个常受指责的人。

朋友，你也是吗？

对不起，今天我又做错了什么？

【教子课堂：岁寒而知松柏后凋】

君子坦荡荡，小人常戚戚。

——《论语·述而》

猛虎不在当道卧，困龙也有升天时。
善恶到头终有报，只争来早与来迟。
蒿里隐着灵芝草，淤泥陷着紫金盆。
酒逢知己千杯少，话不投机半句多。
衣服破时宾客少，识人多处是非多。
草怕严霜霜怕日，恶人自有恶人磨。

心是最坚强的，当我们被打倒100次就要站立起101次，而站立起101次的人就一定是英雄，我告诉你一个秘密，一个人如果开始谩骂你，或者讥讽你，那就是一种变相的承认你比他强大。

有一个女孩同时被两个男孩所追求，这两个男孩长得都很漂亮，而且都是硕士研究生。这个女孩问我，怎么从他们中选一个？我说你第一不要去选有钱的人，因为有钱是他们家里有钱而不是他有钱，第二不要选家里门厅高贵的人，因为所谓的门厅的高贵只是他父亲的高贵。像在这个年龄段他的父亲很快就会退休了，而一旦退休了以后无论是钱还是地位都将会没有。那么女孩就问我，选什么样的人呢？我就告诉这个女孩选那个被别人谩骂100次仍然低着头认真工作的人，选那个被别人打倒了100次然后又爬起了101次的人，这样的男孩一定不会辜负你的希望，这样的男孩你可以托付终身。

【泰坦尼克号中的英国绅士】

有个词叫“英国绅士”。我在英国念过书，英国的男人，很讲究这个。第二次世界大战的时候，德国人轰炸伦敦，市民都往防空洞里跑。一到防空洞门口，男人都停下了说：“女士们先进去。”这叫什么？绅士。就是在生死关头，他还有这个好的习惯。上课的时候给我的学生讲，他们很感动。女孩子说：“我们那些男同学，要是有这种修养就好了。”

记得电影《泰坦尼克号》中的一个镜头，当船快要沉的时候，把救生艇放下去了，可是救生艇相对于船上的人不过是杯水车薪，上去的都是女士和孩子，男士没有一个上的。这就是绅士。

即使今天的英国，在家庭教育中，按照“绅士教育”传统来教育孩子，仍是一个特色。在英国的家庭里，绝对看不到对儿童的没有理由的娇宠，犯了错误的孩子会受到纠正甚至惩罚。家长们往往在尊重孩子独立人格的前提下，对孩子进行严格的管束，让他们明白，他们的行为不是没有边际的，不可以为所欲为。英国的法律明确规定了允许家长体罚孩子，至今许多学校仍保留着体罚学生的规矩。还有一些规矩：

1. 在一般的家庭当中，5岁以下的孩子都不准与大人们同桌吃饭，不允许挑吃挑穿，到了该做什么的时候一律按规矩办事，故意犯错误和欺负幼小，都将受到严厉的惩罚。

2. 不管是对什么人，孩子必须懂礼貌，说话客气，对父母兄弟姐妹也不例外。反之，孩子将受到父母的训斥，甚至身体的惩罚。

3. 英国的年轻父母很少将孩子抱在怀里，而是让他们随便地爬，随意地玩。当孩子不慎摔倒在地时，英国父母绝不会扶起他，而是让他自己站起来，从一点一滴的小事去训练孩子的独立能力，使他们明白，他们每一个人都不能依靠父母去生活，而完全要靠自己。

4. 在英国的家庭里，孩子永远不是中心。这一点西方的大部分国家的观念是一致的。

人们会有意识地“创造”一些艰苦的环境，让孩子在其中遭受些人为的艰难，以磨炼他们的意志。校方故意将伙食弄得很差，又缺少取暖设备。学校要

求每个学生必须在恶劣的天气里穿短裤出现在操场上、课堂上，坚持冷水浴，不准盖过暖的被子，冬天也要开窗就寝。这样做是为了除去孩子的娇气，养成坚强的意志，提高其身体和精神素质。

【结论】

讽刺的本质是一种羡慕。被打倒100次要站起101次，这样的人我们就把他叫英雄，假如你被讽刺的越多，那就说明你距离成功的目标越近。

嘲讽只是伤了安徒生的脸面，而还有一件事则深深地刺伤了安徒生的心。这又是什么事呢？下回分解。

【延伸阅读】

卖火柴的小女孩

天气冷得可怕。正在下雪，黑暗的夜幕开始垂下来了。这是这年最后的一夜——新年的前夕。在这样的寒冷和黑暗中，有一个光头赤脚的小女孩正在街上走着。是的，她离开家的时候还穿着一双拖鞋，但那又有什么用呢？那是一双非常大的拖鞋——那么大，最近她妈妈一直在穿着。当她匆忙地越过街道的时候，两辆马车飞奔着闯过来，弄得小姑娘把鞋跑落了。有一只她怎样也寻不到，另一只又被一个男孩子捡起来，拿着逃走了。男孩子还说，等他将来有孩子的时候，可以把它当做一个摇篮来使用。

现在小姑娘只好赤着一双小脚走。小脚已经冻得发红发青了。她有许多火柴包在一个旧围裙里；她手中还拿着一扎。这一整天谁也没有向她买过一根；谁也没有给她一个铜板。

可怜的小姑娘！她又饿又冻得向前走，简直是一幅愁苦的画面。雪花落到她金黄的长头发上——它卷曲地散落在她的肩上，看上去非常美丽。不过她并没有想到自己漂亮。所有的窗子都射出光来，街上飘着一股烤鹅肉的香味。的确，这是除夕。她在想这件事情。

那儿有两座房子，其中一座房子比另一座更向街心伸出一点，她便在这个墙角里坐下来，缩作一团。她把一双小脚也缩进来，不过她感到更冷。她不敢回家里去，因为她没有卖掉一根火柴，没有赚到一个铜板。她的父亲一定会打她，而且家里也是很冷的，因为他们头上只有一个可以灌进风来的屋顶，虽然最大的裂口已经用草和破布堵住了。

她的一双小手几乎冻僵了。唉！哪怕一根小火柴对她也是有好处的。只要她敢抽出一根来，在墙上擦着了，就可以暖暖手！最后她抽出一根来了。哧！它燃起来了，冒出火光来了！当她把手覆在上面的时候，它便变成了一朵温暖、光明的火焰，像是一根小小的蜡烛。这是一道美丽的小光！小姑娘觉得真像坐在一个铁火炉旁边一样：它有光亮的黄铜圆捏手和黄铜炉身，火烧得那么欢，那么暖，那么美！唉，这是怎么一回事儿？当小姑娘刚刚伸出一双脚，打算暖一暖脚的时候，火焰就忽然熄灭了！火炉也不见了。她坐在那儿，手中只有烧过了的火柴。

她又擦了一根。它燃起来了，发出光来了。墙上有亮光照着的那块地方，现在变得透明，像一片薄纱；她可以看到房间里的东西：桌上铺着雪白的台布，上面有精致的碗盘，填满了梅子和苹果的、冒着香气的烤鹅。更美妙的事情是：这只鹅从盘子里跳出来了，背上插着刀叉，蹒跚地在地上走着，一直向这个穷苦的小姑娘面前走来。这时火柴就熄灭了；她面前只有一堵又厚又冷的墙。

她点了另一根火柴。现在她是坐在美丽的圣诞树下面。上次圣诞节时，她透过玻璃门，看到一个富有商人家里的一株圣诞树；可是现在这一株比那株还要大，还要美。它的绿枝上燃着几千支蜡烛；彩色的图画，跟橱窗里挂着的那些一样美丽，在向她眨眼。这个小姑娘把两只手伸过去。于是火柴就熄灭了。圣诞节的烛光越升越高。她看到它们现在变成了明亮的星星。这些星星有一颗落下来了，在天上划出一条长长的光线。

"现在又有一个什么人死去了，"小姑娘说，因为她的老祖母曾经说过：天上落下一颗星，地上就有一个灵魂升到了上帝那儿去。老祖母是唯一对她好的人，但是现在已经死了。

她在墙上又擦了一根火柴。它把四周都照亮了；在这光亮中老祖母出现了。她显得那么光明，那么温柔，那么和蔼。

"祖母！"小姑娘叫起来。"啊！请把我带走吧！我知道，这火柴一灭掉，你就会不见了，你就会像那个温暖的火炉、那只美丽的烤鹅、那棵幸福的圣诞树一样地不见了！"

于是她急忙把整束火柴中剩下的火柴都擦亮了，因为她非常想把祖母留住。这些火柴发出强烈的光芒，照得比大白天还要明朗。祖母从来没有像现在这样显得美丽和高大。她把小姑娘抱起来，搂到怀里。她们两人在光明和快乐中飞走了，越飞越高，飞到既没有寒冷，也没有饥饿，也没有忧愁的那块地方——她们是跟上帝在一起。

不过在一个寒冷的早晨，这个小姑娘却坐在一个墙角里；她的双颊通红，嘴唇发出微笑，她已经死了——在旧年的除夕冻死了。新年的太阳升起来了，照着她小小的尸体！她坐在那儿，手中还捏着火柴——其中有一扎差不多都烧光了。

"她想把自己暖和一下，"人们说。谁也不知道：她曾经看到过多么美丽的东西，她曾经是多么光荣地跟祖母一起，走到新年的幸福中去。

第九句话：人生若只如初见。

第九回
爱情：安徒生心中的5个女性

对爱情要永远充满敬畏，不管时代怎么前进，不管现在男孩和女孩的交往多么的容易，多么的随便，当我们的孩子步入婚恋的时刻，要告诉他们尊敬异性、尊敬爱情，因为这一切是世界上最美好的。

人生若只如初见，何事秋风悲画扇。
等闲变却故人心，却道故心人易变。
骊山语罢清宵半，夜雨霖铃终不怨。
何如薄幸锦衣郎，比翼连枝当日愿。

——纳兰性德

安徒生是童话的巨人，但他却是一个爱情上的矮子，在他的爱情道路上屡屡受到挫折，始终没有得到他应该得到的那份幸福。安徒生一生没有结过婚，据说他向几位高贵的夫人求婚都被拒绝了。

因此，我们可以看到两个安徒生：一个是在强烈的自卑和孤傲中到死都没有品尝到爱情的安徒生；还有一个是外表瘦弱、骨瘦如柴、丑陋的安徒生。但是他在精神上却是无比的高傲，对爱情高度的审美，对爱情有着高于常人的理解的高贵的绅士。

【谜：至死挂着谁的初恋情书】

现在有人说，安徒生有1.86米的个子，长着圆头，长着一个硕大的鼻子和硕大的脚，他的鞋子现在应该是50号。他不是一个小白脸，也没有娘娘腔，他好像是一个来自外星人的国家，但是在他丑陋的外表下他却有一颗无比善良的甚至是害羞的心。

我要告诉大家一个秘密是，安徒生至死，脖子上都挂着一个护身符，那是一个很小的皮子做的口袋，里面装的是什么呢？是妈妈的祝福吗，是外祖母的礼物吗？都不是，里面装的是一个心爱的女孩给他写的第一封信。这个女孩是谁呢？

【猜想之一：萨拉——公爵与公主】

1. 萨拉。安徒生6岁的时候被送去上学。他是这所学校里年纪最小的学生，老师那个时候并不讨厌他，而总觉得这个像女孩子一样文静的新学生需要呵护，因此老师经常拉着他的手带他在校园里散步。当别的孩子欺负他的时候，老师总是站在安徒生那边。也就是在这所小学里，安徒生看到了自己生命中的第一个女孩，她叫萨拉。

2. 你就是城堡的女主人。这是一个黑眼睛的、美丽的小女孩。安徒生和她

一见钟情，并把她描述成童话中的公主。放学的时候他们会一起牵着手，那时候天总是很蓝。萨拉也是穷孩子，她的梦想是将来做一个农场主。他总会说农场主有什么意思，并向她保证，我将来一定会有一个城堡，那个时候你就是城堡的女主人。

3. 祖先一定是最高贵的贵族。安徒生还向她编织了一个美丽的梦，说他的祖先一定是最高贵的贵族，这个说法让萨拉觉得好笑，她觉得这个家伙一定是疯子，而这一段往事又会引起班上所有人的嘲笑，有一个模仿地主的孩子对安徒生说，给您请安了，公爵大人！您的城堡在哪儿呢？这个时候周围的人都会向他投来鄙视的笑声。安徒生在现实的爱情中败退下阵来，但是他在自己的童话世界里却越来越坚强。在放学的路上，他会找一个河边，一个人静静地坐着，幻想着自己从喷火的巨龙中救出这个美丽的女孩。他想总有一天他会成为城堡的主人，成为这个美丽的公主的丈夫。这个女孩就是安徒生在《坚定的锡兵》里的那个小公主。

【猜想之二：3 个美丽的姑娘】

1. 天使吵醒了王子。其实，安徒生的爱并不仅仅停留在童话里，安徒生真的在马车上遇到过。事情是这样的，有一次安徒生坐马车时睡着了，突然一阵吵闹声把他惊醒了。原来是 3 个美丽的姑娘吵着要搭车，安徒生知道后很绅士地说，这 3 位美丽的小姐的车费由我来付，车夫听了很高兴。

2. 叶林娜大姐是粉丝。上了车之后，那个胖胖的车夫回过眼来对 3 位姑娘说，知道这个车上坐的是什么人吗？他是一位高贵的外国王子，3 个姑娘吃惊地望着这个所谓的“王子”，真是一个丑陋无比的人，但是姐姐叶林娜觉得这个人很面熟，突然想起来这个人好像在哪里见过。想来想去才想到，这个人一定是安徒生，就是那个写了无数童话和美丽诗篇的作家。从他认出安徒生的那一瞬间起，他就为安徒生所着迷，在她的心里真的萌发了对安徒生的爱。这种爱用我们今天的话来说就叫一见钟情。

3. 蓝桥相会。叶林娜有一座最豪华的别墅。在第二天太阳升起的时候，安徒生来到这所别墅。她给安徒生倒了一杯咖啡，两个人望着窗外的太阳，互相倾诉。安徒生很喜欢这个美丽的女孩，望着这个美丽的女孩感动地流下了热泪。

4. 爱就在童话里。这个时候他要作一个选择：是留在这所豪华的别墅里去开始他的爱情，还是回到他那个寒冷的旅馆里去继续写着他的童话？安徒生的泪并没让叶林娜看到，但他真的说了一句这个世上最违心的话。他说我的爱就在童话里。他礼貌地走出了别墅，再也没有见到过叶林娜，但是他终生都在梦里呼唤着叶林娜的名字。

在70岁的时候，安徒生终于躺倒在一个朋友的别墅。当钟声敲响，他知道自己要离开这个世界的时候，他曾经想到过两个女人。用安徒生的话说，他的一生都是女人给他的，一个是他的祖母，而另一个就是叶林娜。他说我的面前有两条路，一条是童话，一条是幸福，可是作为一个丑陋的孩子，我只能选择一条路。当他说到这儿的时候，泪水流下来，也就在这个时候他的灵魂飞翔到天空中。

【猜想之三：瑞典的歌剧皇后】

安徒生生活中的女人，还有一个人要提到，就是瑞典的歌剧皇后叫林德。

1. 壁炉前的圣诞。那是1845年的冬天，家家户户都点亮了圣诞树，准备着圣诞的大餐。这个时候安徒生已经40岁了。孤独的人最怕过节，正当他躺在那所孤零零的小旅馆的时候，突然，门铃响了，站在门前的居然是瑞典的歌剧女皇后林德。林德是安徒生在哥本哈根相识的，她为他带来了一棵华丽的圣诞树。他们坐在壁炉前喝着咖啡促膝谈心。那天，安徒生正好得了重感冒，他一边擤着鼻涕，一边谈着话，虽然很尴尬，但是他觉得这是他一生中最难忘、最魂牵梦绕的一个圣诞节。

2. 马车上的弟弟。他曾经和林德一起坐着华丽的马车走向大街。人们向安徒生投来了最友好、最羡慕的目光，而林德呢，会向别人介绍安徒生。她握住安徒生的手，向别人亲切地说，这是我的弟弟。而这个时候安徒生觉得自己是这个世界上最幸福的人。

3. 半身像为证：人生若只如初见。遗憾的是，安徒生并不会处理这段爱情。无论是林德也好，安徒生也好，都在无休止地奔波着。当他们再次在维也纳相见的时候，林德已经有了自己的丈夫和孩子，可安徒生还是孤身一人。他们两个人虽然最后没有成为夫妻，但是他们那种纯洁的友谊是非常动人的。如果我们走进哥本哈根的博物馆，我们会看到他们的半身像，也会为他们的爱情留下见证。

【猜想之四：巴黎红灯区】

现在还有这么一种传说，说安徒生还曾经冒险去过巴黎的红灯区，并深深

地被一个高个子女大学生所折服。

有一位朋友曾经重复过安徒生自己讲的话，在安徒生 62 岁的时候，他曾经去巴黎的红灯区走过一次。他说他和妓女聊了天，并给了妓女 20 法郎，但是他没有和妓女拉手，也没有做任何犯罪的事情，但是安徒生觉得自己的思想真的犯了罪。这种高傲的表白恰恰体现了安徒生那种纯洁的、一尘不染的爱情观。

【海的女儿】

我们会看到很多英雄救美的故事，比如说佐罗了救下了那位美丽的女孩，然后他们骑着马，在森林过着幸福的生活。

人们对爱情的理解只有一个，就是他们会终成眷属、白头到老，可是在安徒生的世界里，爱情就像海的女儿那样无奈和美丽。也许大家都记得，大海国王的那个最美丽的小女儿小美人鱼，爱上了陆地上的王子。她为了追求爱情和幸福，不惜承受着巨大的痛苦，割掉自己的尾巴，以换来人的形状，可是那位王子却和一位公主结了婚。这个时候美人鱼的心都碎了。女巫告诉美人鱼，你只要把王子杀了，让王子的血流到自己的腿上，那么你还可以恢复原形，回到大海中重新过无忧无虑的生活，但是她并没有这么做。她投入了大海，化成了一串串的泡沫。现在，人们到了哥本哈根，都可以看到那个美人鱼的雕像，面容带着抑郁孤独。美人鱼雕像已经变成丹麦王国的标志。

【安徒生把爱情分成了两个世界】

其实，安徒生把爱情分成了两个世界。

1. 安徒生觉得自己就是一个生活在海底童话世界的人。
2. 岸上的国王和公主才是这个平凡世界里的真实的生活。

其实，我认为安徒生才是那个真正的美人鱼。他渴望现实的生活，但是他并不属于这个世界，属于他的只有内心的相恋，无果的爱情、善良和高贵。

【那个女人一定是最幸福的】

我们现在作一个大胆的假设。假如安徒生和他一生中的这几个女子随便一个人结婚，我想那个女人都一定是最幸福的，为什么这么说呢？

安徒生有这样一则童话叫《老头子总是不会错》。我看后印象深刻，多有感悟。

故事并不复杂：

五换：马换牛，牛换羊，羊换鹅，鹅换鸡，鸡换烂苹果。

乡村有一对清贫的老夫妇，有一天他们想把家中的唯一值钱的一匹马拉到市场上去换点有用的东西。老头子牵着马去赶集了，他先与人换了一头母牛，又用母牛换了一头羊，又用羊换了一只鹅，又用鹅换了一只母鸡，最后用母鸡换了一大袋烂苹果。在每次交换中，他倒真想给老伴一个惊喜。当他扛着大袋子来一家小酒店歇气时，遇上两个英国人，闲聊中他谈了自己刚才的经过，两个英国人听的哈哈大笑，说他回去一定会挨老婆一顿揍。老头子坚称绝对不会，英国人就用一袋金币打赌，如果他回家未受老伴任何责罚，金币就算输给他了，三人于是一起回到老头子家中。

老太婆见老头子回来了，非常高兴，又是给他拧毛巾又是端水，听老头子讲赶集的经过。他毫不隐瞒，一一道来。每听老头子讲到用一种东西换了另一种东西时，她竟十分激动地给以肯定。“哦，我们有牛奶了”，“羊奶也一样好喝”，“鹅毛多漂亮”，“我们有鸡蛋吃了!”诸如此类。最后听到老头子背回一袋烂苹果时，她大声说：“我们今晚就可以吃到苹果馅饼了!”不由得搂起老头子，深情地吻他的额头……

其结果不用说，英国人就此输掉了100多镑金币。

假如安徒生真的结婚，他一定是一个处理婚姻艺术的高手，因为一个人只要有爱心，他的婚姻就一定是幸福的。

【爱情心理】

现在人们都在谈论爱情的心理，人们都在渴望着爱情。可是这是一个躁动的、肤浅的世界，当我们读安徒生的童话的时候，我们真的被他的那种爱情所打动。

真水无香，爱情的神圣和对婚姻的宽容使我们看到了安徒生童话里的那种最高大的爱情的氛围。真的，安徒生的这种理想的爱情，在现实生活中真的不多见了，当我们翻开报纸、打开电视的时候，我们会看到一个个名人：

从日本的酒井法子到美国老虎伍兹……酒井法子是日本清纯的偶像，可是她现在却遭受着吸毒、婚外情的折磨；老虎伍兹，是世界上最高超的高尔夫球手，可是他却为自己的N个情人而焦头烂额。

【两只小白老鼠产生爱情之后】

所以当我们读安徒生童话的时候，我们真的感动吗？感动的是什么呢？一个从来没有品尝过真正爱情的人，却给我们树立了最圣洁的爱情观。现在有人说，爱情是有生命和化学基础的，美国人曾经做过这样的实验，当两只小白老鼠产生爱情之后，第二天那只公老鼠会再来找这只小母老鼠。科学家们发现这两只老鼠很奇怪，当把它们和其他老鼠杀死的时候，会在它们的大脑中发现了一种奇怪的物质，而只有这两只恋爱的老鼠这种物质是相同的。所以有人说爱情是诗，有人说爱情是化学，不管怎么说，我们都为真正的爱情所感动。

【最终揭谜】

小学同桌：荔波个。

他一生中最初的爱人叫荔波个，安徒生真的爱上了这个女孩，他说她有一张可爱的脸、虔诚的面孔和棕色的眼睛，非常的美丽。可是当他知道他初恋的情人和别人秘密结婚的时候，他感到无比的悲痛。

因此我们说安徒生应该是一个有情有义的人，虽然他长得丑陋，但是他的内心世界一定和纳兰性德一样凄婉、深沉和高贵。

【为什么女人总要打开诱惑的盒盖】

很久很久以前，
男孩和女孩分手。
女孩面前有两个盒子。
两个盒子是两个男孩。
一个盒子里装满了金银财宝，
盖子真诚地开着，一目了然，没有神秘。
一个盒子里是空的，
可盖子神秘地紧闭着，盖子边还露出一串珠子的诱惑。
女孩终于放弃了开盖的盒子，
而偷偷地去打开那个紧闭的诱盒的盖子。
也许，所有的女孩都会这样，
这就是为什么：鲜花总插在……

也许，所有的女孩都会这样，
这就是为什么：红颜总是命薄！
呵，我的朋友，
请不要去掀那个诱盒的盖子。呜咽……

【教子课堂：一句话改变人生】

永远对爱情保持敬畏。

1. 爱情神圣。认真地对待异性。
2. 正确地分手。
3. 面对安徒生仿佛在净化心灵。

【人生第一次失恋】

1. 应当找到父亲、母亲或朋友倾诉心声，最好是母亲。大哭一场会有好处，试着哭出来……

2. 应当相信时间会医治心灵的伤害。也许每个成人都有失恋的经历，大概3个月或半年才可心理平复。

3. 应当试着丑化恋人，但目的仅限于遗忘。无数实践证明，下一个恋人会比这个优秀与美丽千百倍。

4. 应当马上树立一个替代目标，如考研、出国、写书，等等，并决心用3年来完成替代目标。

5. 应当发一个宏愿：20年后，决心一定比那个人要活得好。失恋会成就男人的霸业，失恋会成就女人的美丽。

6. 决不失去信心，自杀或抑郁是可笑的（失恋会引起很多自杀或抑郁）。永不言弃，越挫越勇。

7. 决不失去理智，决不谋求报复，如杀伤、造谣、威胁对方（婚恋纠纷是凶杀的首位动机）。实在不行，吃安眠药睡觉。

8. 决不乞求对方，如提供资助或死打乱缠。幻想对方会回心转意，只会增加自己的痛苦，只会让对方越加骄傲。男人要有尊严，女人更是如此！

9. 决不保留对方的照片或信件情书……马上撕碎对方的照片，抛向天空。不保留任何会唤起回忆的东西。

10. 决不再提及此事，打掉牙，和血吞。人生有许多无奈，学会忍受不幸。

我们要教孩子的是，尽管我们周围有无数的诱惑，有无数的潜规则，但是要永远对异性保持敬畏，永远对爱情保持敬畏。我们要教孩子正确地恋爱，即使爱情没有成功，也要正确地分手。不成亲人就成仇人，这实际上是对爱情的一种侮辱。安徒生的爱情正是告诉我们世界上真的有爱，而且这个爱100多年后让人觉得仍然是圣洁的。

一句话可以改变人生

第十句话：高贵是不分种族、职业和地位的。

第十回
幸福：安徒生死前在想什么

如果你无私地将一生都奉献给社会，那么你一定会得到最幸福的回报，请相信我，因为安徒生的一生已经证明了这个定律。

生者为过客，死者为归人。
天地一逆旅，同悲万古尘。
月兔空捣药，扶桑已成薪。
白骨寂无言，青松岂知春。
前后更叹息，浮荣何足珍？

——李白《拟古》

活着的人，仿佛匆匆来去的过客，从一个点奔向另一个点，不得停息；死去的人，好比到达目的地、可以长久驻足、不再复返的归客。

安徒生的死是痛苦的，还是幸福的？他在死亡之前想到了什么？

安徒生突然把右手伸向天空，眼睛凝固在指尖之上，叫了一声，谁也听不懂他在说什么。

【老家的请柬】

安徒生老了，可是像安徒生这样的人越老反而长得越好看了。请注意，这个时候他没有妻子、没有孩子可以在身边，他甚至没有一个家，只能今天住在这个旅馆里，明天住在那个旅馆里。他的牙已经没有几颗了，两颗门牙是两个黑黑的洞。他走路的时候脚步是非常不稳的，真像一个70多岁的老人……

这是1867年11月24日。一个人在敲他旅馆的门，是一个邮差。他给安徒生送来了一份庄严的请柬。这封请柬是他的故乡奥登塞市政厅专门给他送来的。安徒生看到这个特别的请柬，激动不已。

【荣誉市民】

请柬是这样写的：

奥登塞市政府非常荣幸地通知尊贵的您，作为您的老乡，我们荣幸地通知阁下，我们已经选举阁下为我们城市的荣誉公民，请允许我们邀请您在12月6日在奥登塞市和我们聚会，届时我们会把荣誉市民的证书亲手交给阁下。

安徒生这个贫穷的洗衣人的儿子，这个降生在棺材上的儿子，做梦也没有想到，他会成为故乡城市的荣誉市民。多少年来，每当他漂泊在异国他乡的时候，在睡梦中总是会梦到自己的故乡，当他醒来的时候眼睛里经常含着热泪。

【庆典中的恶魔】

1. 市长没有他高贵。这一天终于来到了，奥登塞市所有的居民早早地就涌在大街上，他们排好队耐心地等待着安徒生的出现。人们终于看到了市长、市长夫人，看到了其他显贵，当然这里面最高贵的是安徒生。当人们高喊着安徒生名字的时候，成百上千的鸽子飞起在奥登塞广场上，一圈又一圈地盘旋。

2. 女巫的誓言实现了。难道这真是那个女巫的誓言实现了？那个女巫曾经说，总会有一天安徒生的故乡会张灯结彩地欢迎他，他将成为这个城市的英雄。

3. 学校都放了假。为了庆祝这伟大的一天，奥登塞所有的学校都放了假，孩子们可以高高兴兴地像度假一样来欢迎这位伟大的人物。庆典先是合唱队唱歌。歌声结束后，市长庄严地把荣誉市民的证书放到安徒生的手上。

4. 女巫索账。传说，当安徒生双手接过证书的时候，突然一阵天旋地转，他咬着牙不让任何人看见。他的脑海里出现了一个面目可憎的干瘪的老太婆。那个女巫说，你的头疼和眩晕是我献给你的礼物，因为你当了荣誉市民，这是你必须要付出的代价。安徒生在心里笑了，他对幻觉中的女巫说，稍微等一等，待会儿我给你写一篇童话，安徒生从头晕中恢复过来，他对着成千上万的市民高声地喊道，我永远是奥登塞的儿子。

【寻找两个什么样的女孩】

用中国人的话说，安徒生这叫衣锦还乡。这一年他已经62岁，他回到故乡要寻找什么呢？他要找两个女孩。

秘密之一：妹妹。一个温柔可爱的小姑娘，丽丝别达。他沿着那条狭窄的、铺满石头的小路向自己的房子走去，迎面碰上的是一个驼背的老太太，两个人相对很久。安徒生终于从老太太的眼神里看到了童年里那种温柔的眼神，两个人都哭了，拥抱在一起。安徒生激动地对市长说，这就是我妈妈的养女，我唯一的妹妹。

秘密之二：姐姐。两个人沿着故乡的路往前走，每一寸土地、每一棵树木都能唤起他们无比亲切的回忆。当他们站在自己出生的那间破旧的小房子前，安徒生又想到了他要找的另一个女孩，那就是他从来不愿意承认的异父同母的姐姐，叫卡伦。安徒生心里想，我过去是那么憎恨我的姐姐，但是我今天要以最友好的方式来见她。然而所有的人都低着头对他说，卡伦早已经死了，而且连个坟墓都没有留下。

人将死时，其言也善!

【一片秋天的树叶在世界各地漂泊】

以后的几年里，安徒生像一片秋天的树叶在世界各地漂泊。从巴黎、挪威到瑞典，他想漂流到世界任何的角落，甚至曾经想过漂流到中国，去看看那个有着夜莺的美丽的国家。然而，他的身体彻底垮了，他不得不重新回到了祖国，可是你要知道，在祖国他是连一间房子也没有的人。

【修改纪念碑】

转眼到了1875年4月2日，这一天是他70岁的寿辰，一大早，他接到了通知，说是为他建造的纪念碑已经画好草图，请他审阅。安徒生打开草图，看见自己的墓碑四周围着一圈欢快的孩子，安徒生微微一笑说，我的童话可不光是给孩子们看的，我的童话也是给大人看的。70岁的生日庆典极其隆重，然而安徒生已经没有能力支撑着参加完自己的生日宴会了。

【死亡前的梦】

1875年8月4日，安徒生病情突然加重，医生作了最后的诊断，他得的是肝癌。这个时候他躺在自己朋友的一个别墅里。

肝癌的后期使他产生了严重的昏迷。

1. 他突然看到了小时候满天都是乌云的天空，看到那一朵朵奇怪的云可怕地翻滚。

2. 他看到了下水道里又大又黑的恐怖老鼠在追逐着他，他在恐怖老鼠的追逐中拼命地逃亡，最后他跑到了大海的深处。

3. 他看见了那条美丽的美人鱼公主。小人鱼用她的美丽的手抚摸着安徒生的前额，用像音乐的声音对安徒生轻轻地说:“睡吧，睡吧，你可以休息了。”

安徒生突然把右手伸向天空，眼睛凝固在指尖之上，叫了一声，谁也听不懂他在说什么。

这个时候，安徒生突然看到了自己的外祖母。他拉着外祖母的手对她说:“我一直在找你，请把我带走吧。”他的呼吸越来越微弱，最后完全停止了，在他的脸上挂着幸福和甜美的微笑。

年轻的朋友们，我要说的是安徒生的一生是多么的高贵，在他的灵魂升往天空的时候，城堡的女主人打开笔记本写了一句话："多么幸福的一盏灯，终于熄灭了。"

"树欲静而风不止，子欲养而亲不待"时才体会母亲的深情。

【这 7 件事不做会遗憾终生】

第 1 件事，上小学的时候，给父母认真地鞠躬谢恩。我这一生再没这机会了。

第 2 件事，第一次发工资的时候，给父母买礼物谢恩。我那时候挣 16 块钱，给我爸买了，给我妈也买了，终生不后悔。

第 3 件事，结婚那天，给父母认真地鞠躬。一拜天地，二拜高堂，三是夫妻对拜。感谢爸爸妈妈把我培养成人。

第 4 件事，记住父母的生日，送父母生日礼物。等到父母过生日的时候，哪怕是个小礼物，也是一片心意。

第 5 件事，父母金婚银婚的时候，好好给爸爸妈妈过金婚、银婚纪念日。

第 6 件事，到了为父母送终的时候，那可不能鞠个躬了，跪下来，把爸爸妈妈送走，这是人伦。

第 7 件事，每逢年节追忆父母的恩情，惦记着父母。

这是人生要做的 7 件事，不做会终生遗憾。所以说，我们要知道什么是孝，知道怎么行孝。各位应该怎么办？从现在做起。

【心理学：死亡时在想什么】

1. 明知死讯。他们亲耳听到医生或是在场的其他人明确宣告自己的死亡。他会感觉到生理的衰竭到达极限。

2. 体验愉悦。"濒死体验"的初期有一种平和安详、令人愉悦的感受。首先会感到疼痛，但是这种疼痛感一闪而过，随后会发觉自己悬浮在一个黑暗的维度中。一种从未体验过的最舒服的感觉将他包围。

3. 奇怪声音。在"濒死"或者"死亡"的时候，有奇怪的声音飘然而至。一位年轻女子说，她听到一种类似乐曲的调子，那是一种美妙的曲调。

4. 进入黑洞。有人反映他们感到被突然拉入一个黑暗的空间。你会开始有所知觉，那就像一个没有空气的圆柱体，感觉上是一个过渡地带，一边是现世，一边是异域。

5. 灵魂脱体。发现自己站在体外的某一处观察自己的躯壳。一个落水的男人回忆说，他自己脱离了身体，独自处在一个空间中，仿佛自己是一片羽毛。

6. 出现亮光。在“濒死体验”最后的时刻，会出现亮光。

【心理学：什么是幸福】

什么是幸福？

幸福就是外面飘着雪刮着北风，可以和爸爸妈妈在一起吃热热的手擀面。

什么是幸福？

幸福就是在意想不到的时候看到自己喜欢的人。

什么是幸福？

幸福就是在冬季的午后，躺在阳台的睡椅上，晒着太阳，看着妈妈制作泡菜。

什么是幸福？

幸福就是晚上放学的时候，可以放开车把，无人打扰地看天上的星星。

什么是幸福？你的幸福在哪里？

幸福来源于自我的一种理解，一种创造性的耕耘，它是一种体验，对美的体验。

【中国古人的人生标尺】

1. 中国古人有五福：据《尚书·洪朗》载，一曰寿，二曰富，三曰康宁，四曰修好德，五曰考终命。

2. 中国古人有全福：清代张潮在《幽梦影》中说：“值太平世，居湖山郡，官长廉静，家道优裕，娶妇贤惠，生子聪慧。人生如此，可云全福。”这里，张潮列举了幸福的外在条件，包括政治清明、经济发展、环境优美、民风淳朴、教育健全、家庭和睦、人与自然和谐相处……

【永恒的幸福：安徒生的幸福】

健康长寿

事业辉煌

无言劳作

谦恭守法
返璞归真
无欲平淡
爱心奉献
常怀感动

【人生就是坐火车】

毛泽东对前苏联人说："中国人视死如归"。前苏联人听不懂。其实，死就是回家。现在大家都在喊："郁闷啊"，"累死了"。旅途真的辛苦。等到了站，洗个澡，舒舒服服地睡一睡，永不醒来，多好。不对！我在生日祷告：

1. 让窗外的景色更美丽些。
2. 让窗内的我更宁静些。
3. 让我静静地躺着看书。
4. 让我忘掉终点站在何处。

人生是什么？人生的含义是什么？恐怕是每一个青年人内心深处的死结。孔子说：饮食男女，人之性也。很直接地扣住问题的本质。

1. 长度说。人生以长度为等级。30 岁以前死亡，是夭折。50 岁以前死亡是英年早逝。古代有"人生七十古来稀"，活到 70 就够本了。今天北京人的寿命平均是 80。90 以上是高寿。100 岁是人人羡慕的人瑞。其实，人生的寿命差异会很大。每个人都应努力为长寿奋斗。

2. 质量说。人生以质量为等级。穷人是可怜的，小康才是可以，若大福大贵，黄的是金，白的是银。也有犀牛头上角，也有大象口中牙。饮食男女人都到极致。位列三公，衣锦还乡，才是人生。

3. 贡献说。以对人世的贡献为等级。学数学必是陈景润，学文学的是曹雪芹。感动中国，解放全人类，才是人生。

其实，人生只不过是坐火车。从北京到天津是夭折，从北京到济南是英年早逝，从北京到上海是高寿，从北京到广州是人瑞。人人都想多坐一会儿，谁也不知道自己的终点站。大家早晚要下车，不过是多坐一会而已。

有的坐硬座，有的坐卧铺，有的是软卧，有的坐专列。

有的放歌一路，有的哭泣一道。有的不想坐了，忙着跳下车，这是自杀。

有的一路上学雷锋做好事，有的一路欺男霸女做坏事。列车长只有一个，那是皇上。不过，车长多数很快就下车了。

圣贤之人，静静地找个靠窗雅座，放眼窗外美景。不争不吵，品茶抚琴，乐在其中。坐硬座也高兴，坐卧铺也欢乐。中途有人从硬座换到软卧也不急。该吃的，该玩的都做到了，一路上老夸风景好。

看着一个个争座的人纷纷下车，偷着乐吧。

祝大家旅途愉快。

【教子课堂：一句话改变人生】

高贵是不分种族、职业与地位的。

即使是一个普通的教师、劳作的农民、贫苦的学生，甚至于一个乞丐、一个残疾儿童……都可能并且可以拥有超越常人的高贵。

官位的延续是退休还乡；财富的延续是生不带来、死不带走；美貌的延续是人老珠黄。如果我们在死亡之前思考什么是人生的价值？恐怕只剩下：高贵、尊严与爱情。

【延伸阅读】

老头子做事总不会错

现在我要告诉你一个故事。那是我小时候听来的。从那时起，我每次一想到它，就似乎觉得它更可爱。故事也跟许多人一样，年纪越大，就越显得可爱。这真是有趣极了！

我想你一定到乡下去过吧？你一定看到过一个老农舍。屋顶是草扎的，上面零乱地长了许多青苔和小植物。屋脊上有一个鹳鸟窠，因为我们没有鹳鸟是不成的。墙儿都有些倾斜，窗子也都很低，而且只有一扇窗子是可以开的。面包炉从墙上凸出来，像一个胖胖的小肚皮。有一株接骨木树斜斜地靠着围篱。这儿有一株结结疤疤的柳树，树下有一个小水池，池里有一只母鸡和一群小鸭。是的，还有一只看家犬。它对什么来客都要叫几声。

乡下就只有这么一个农舍。这里面住着一对年老的夫妇——一个庄稼人和他的妻子。不管他们的财产少得多么可怜，他们总觉得放弃件把东西没有什么关系。比如他们的一匹马就可以放弃。它依靠路旁沟里的一些青草活着。老农人到城里去骑着它，他的邻居借它去用，偶尔帮忙这对老夫妇做点活，作为报酬。不过他们觉得最好还是把这匹马卖掉，或者用它交换些对他们更有用的东西。但是应该换些什么东西呢？

“老头子，你知道得最清楚呀，”老太婆说，“今天镇上是集日，你骑着它到城里去，把这匹马卖点钱出来，或者交换一点什么好东西：你做的事总不会错的。快到集上去吧。”于是她替他裹好围巾，因为她做这件事比他能干；她把它打成一个双蝴蝶结，看起来非常漂亮。然后她用她的手掌心把他的帽子擦了几下。同时在他温暖的嘴上接了一个吻。这样，他就骑着这匹马儿走了。他要拿它去卖，或者把它换一件什么东西。是的，老头儿知道他应该怎样来办事情的。

太阳照得像火一样，天上见不到一块乌云。路上布满了灰尘，因为有许多去赶集的人不是赶着车，便是骑着马，或者步行。太阳是火热的，路上没有一块地方可以找到荫处。

这时有一个人拖着步子，赶着一头母牛走来，这只母牛很漂亮，不比任何母牛差。

“它一定能产出最好的奶！”农人想。“把马儿换一头牛吧——这一定很合算。”

“喂，你牵着一头牛！”他说，“我们可不可以在一起聊几句？听我讲吧——我想一匹马比一头牛的价值大，不过这点我倒不在乎。一头牛对于我更有用。你愿意跟我交换吗？”

“当然我愿意的！”牵着牛的人说。于是他们就交换了。

这桩生意就做成了。农人很可以回家去的，因为他所要做的事情已经做了。不过他既然计划去赶集，所以他就决定去赶集，就是去看一下也好。因此他就牵着他的牛去了。

他很快地向前走，牛也很快地向前走。不一会儿他们赶上了一个赶羊的人。这是一只很漂亮的羊，非常健壮，毛也好。

“我倒很想有这匹牲口，”农人心里想，“它可以在我们的沟旁边找到许多草吃。冬天它可以跟我们一起待在屋子里。有一头羊可能比有一头牛更实际些吧。“我们交换好吗？”

赶羊人当然是很愿意的，所以这笔生意马上就成交了。于是农人就牵着他的一头羊在大路上继续往前走。

他在路上一个横栅栏旁边看到另一个人。这人臂下夹着一只大鹅。

“你夹着一个多么重的家伙！”农人说，“它的毛长得多，而且它又很肥！如果把它系上一根线，放在我们的小池子里，那倒是蛮好的呢。我的老女人可以收集些菜头果皮给它吃。她说过不知多少次：‘我真希望有一只鹅！’现在她可以有一只了。它应该属于她才是。你愿不愿交换？我把我的羊换你的鹅，而且我还要感谢你。”

对方一点也不表示反对。所以他们就交换了。这个农人得到了一只鹅。

这时他已经走进了城。公路上的人越来越多，人和牲口挤做一团。他们在路上走，紧贴着沟沿走，一直走到栅栏那儿收税人的马铃薯田里去了。这人有一只母鸡，它被系在田里，为的是怕人多把它吓慌了，弄得它跑掉。这是一只短尾巴的鸡，它不停地眨着一只眼睛，看起来倒是蛮漂亮的。“咕！咕！”这鸡说。她说这话的时候，究竟心中在想什么东西，我不能告诉你。不过，这个种田人一看见，心中就想：“这是我一生所看到的最好的鸡！咳，她甚至比我们牧师的那只抱鸡母还要好。我的天，我倒很想有这只鸡哩！一只鸡总会找到一些麦粒，自己养活自己的。我想拿这只鹅来换这只鸡，一定不会吃亏。”

“我们交换好吗？”他说。

“交换！”对方说，“唔，那也不坏！”

这样，他们就交换了。栅栏旁的那个收税人得到了鹅；这个庄稼人带走了鸡。

他在到集上去的路上已经做了不少的生意了。天气很热，他也感到累，他想吃点东西，喝一杯烧酒。他现在来到了一个酒店门口，他正想要走进去，但店里一个伙计走出来了；他们恰恰在门口碰头。这伙计背着一满袋子的东西。

“你袋子里装的是什么东西？”农人问。

“烂苹果，”伙计说，“一满袋子喂猪的烂苹果。”

“这堆东西可不少！我倒希望我的老婆能见见这个世面呢。去年我们炭棚子旁的那棵老苹果树只结了一个苹果。我们把它保存起来；它待在碗柜一直待到裂开为止。‘那总算是一笔财产呀。’我的老婆说。现在她可以看到一大堆财产了！是的，我希望她能看看。”

“你打算出什么价钱呢？”伙计问。

“价钱吗？我想拿我的鸡来交换。”

所以他就拿出那只鸡来，换得了一袋子烂苹果，他走进酒店，一直到酒吧间里来。他把这袋子苹果放在炉子旁边靠着，一点也没有想到炉子里正烧得有火。房间里有许多客人——贩马的，贩牲口的，还有两个英国人：他们非常有钱，他们的腰包都是鼓得满满的。他们还打起赌来呢。关于这事的下文，你且听吧。

嗞——嗞——嗞！嗞——嗞——嗞！炉子旁边发出的是什么声音呢？这是苹果开始在烤烂的声音。

“那是什么呢？”

唔，他们不久就知道了。他怎样把一匹马换得了一头牛，以及随后一连串的交换，一直到换得烂苹果为止的这整个故事，都由他亲自讲出来了。

“乖乖！你回到家里去时，保管你的老婆会结结实实地打你一顿！”那两个英国人说。“她一定会跟你吵一阵。”

“我将会得到一个吻，而不是一顿痛打，”农人说，“我的女人将会说，老头子做的事儿总是对的。”

“我们打一个赌好吗？”他们说，“我们可以用满桶的金币来打赌——100 镑对 112 镑！”

“一斗金币就够了，”农人回答说。“我只能拿出一斗苹果来打赌，但是我可以把我自己和我的老女人加进去——我想这加起来可以抵得上总数吧。”

“好极了！好极了！”他们说。于是赌注就这么确定了。

店老板的车子开出来了。那两个英国人坐上去，农人也上去，烂苹果也装上去了。不一会儿他们来到了农人的屋子面前。

“晚安，老太太。”

“晚安，老头子。”

“我已经把东西换来了！”

“是的，你自己做的事你自己知道。”老太婆说。

于是她拥抱着他，把那袋东西和客人们都忘记掉了。

"我把那匹马换了一头母牛。"他说。

"感谢老天爷，我们有牛奶吃了。"老太婆说，"现在我们桌上可以有奶做的食物、黄油和干奶酪了！这真是一桩最好的交易！"

"是的，不过我把那头牛换了一只羊。"

"啊，那更好！"老太婆说，"你真想得周到：我们给羊吃的草有的是。现在我们可以有羊奶、羊奶酪、羊毛袜子了！是的，还可以有羊毛睡衣！一头母牛可产生不了这么多的东西！它的毛只会白白地落掉。你真是一个想得非常周到的丈夫！"

"不过我把羊又换了一只鹅！"

"亲爱的老头子，那么我们今年的马丁节〔马丁节（Mortensdag）是在11月11日举行。在欧洲的许多国家里，这个日子表示冬季的开始，等于我们的"立冬"。丹麦人在这天吃鹅肉〕的时候可以真正有鹅肉吃了。你老是想种种办法来使我快乐。这真是一个美丽的想法！我们可以把这鹅系住，在马丁节以前它就可以长肥了。"

"不过我把这只鹅换了一只鸡。"丈夫说。

"一只鸡？这桩交易做得好！"太太说，"鸡会生蛋，蛋可以孵小鸡，那么我们将要有一大群小鸡，将可以养一大院子的鸡了！啊，这正是我所希望的一件事情。"

"是的，不过我已经把那只鸡换了一袋子烂苹果。"

"现在我非得给你一个吻不可，"老太婆说，"谢谢你，我的好丈夫！现在我要告诉你一件事情。你知道，今天你离开以后，我就想今晚要做一点好东西给你吃。我想最好是鸡蛋饼加点香菜。我有鸡蛋，不过我没有香菜。所以我到学校老师那儿去——我知道他们种的有香菜。不过老师的太太，那个宝贝婆娘，是一个吝啬的女人。我请求她借给我一点。'借？'她对我说：'我们的菜园里什么也不长，连一个烂苹果都不结。我甚至连一个苹果都没法借给你呢。'不过现在我可以借给她10个，甚至一整袋子烂苹果呢。老头子，这真叫人好笑！"

她说完这话后就在他的嘴上接了一个响亮的吻。

"我喜欢看这幅情景！"那两个英国人齐声说，"老是走下坡路，而却老是快乐。这件事本身就值钱。"

所以他们就付给这个种田人112镑金子，因为他没有挨打，而是得到了吻。

是的，如果一个太太相信自己丈夫是世上最聪明的人和承认他所做的事总是对的，她一定会得到好处。

请听着，这是一个故事！这是我在小时候听到的。现在你也听到它了，并且知道那个老头子做的事儿总是对的。

后 记

我小的时候身体很不好，所以经常闷在家里看书。那时天总布满乌云，全身一阵阵地发冷。

昨天我做一档访谈节目，是关于读书日的，主持人问我："年轻的时候对你影响最大的一本书是什么?"我不假思索地说："安徒生童话。"

在安徒生童话里，人与人是平等的，即使你是一只丑小鸭，你也有变成白天鹅的希望。安徒生的童话故事里充满着两个词：爱心和同情。就凭这一点，安徒生童话就应是最好的教材之一。

书里的这十回，是根据为中央电视台教育一台《师说》栏目准备的节目而增补修订的，主题是"安徒生版教育学——改变教子理念的十句话"（Hans Christian Andersen's Version of Education. New concept to teach children）。封面上还有两句精心选择的英语：

Adversity Often Leads to Prosperity——逆境出人才

Every dog has his day——困龙也有上天时

有一天，电视台打电话让我准备一个系列讲座，但一定要讲外国名人。我不假思索地报了安徒生这个选题。讲座力图以安徒生的故事做主线，揭示逆境出人才的道理。从选题到录制不到几周，但安徒生在我心中却存在了近50年。

我虽然是公安大学的老师，但我的本科和博士专业都是教育学，我也想把教育学作为我终生的研究领域之一。

这些年来，教育学研究有点单一，过分强调了学校教育和应试教育，素质教育虽然在家长中反复地提及，但是始终缺乏扎实的落脚点。因此，我想另开

连生贵子

清代同治年年画木版

王大伟自印

辟一个新的途径，从逆境出人才的角度，全新思考人才成长的另一模式。这就是本书写作的初衷。

本书的插图也很有意思，一部分来自中国古代的版画，另一部分是安徒生亲手剪的剪纸。大家要知道，安徒生不仅是一个出色的作家、诗人，也是一个剪纸的高手。本书的延伸阅读均选自叶君健先生的翻译作品，读者朋友也可重温那些感人的安徒生童话。在此向叶君健先生致谢！

我衷心希望，安徒生的悲惨境界和奋斗历程，能够成为新一代奋斗的动力，这十句新概念教子理念，也应该对爸爸妈妈教子有很好的启迪。

最后再强调一句：这十句新概念教子理念，是几十年心血的凝结。拼命写作时自己觉得很神圣，仿佛进入了理想圣殿，七彩宝光闪烁，耳边还有美妙的风铃在奏鸣。

已是四月倒春寒，
残月三更移栏杆。
拥衾研墨红烛冷，
枕边梦去心不还。

王大伟
2010 年 4 月 23 日晨
于公安大学